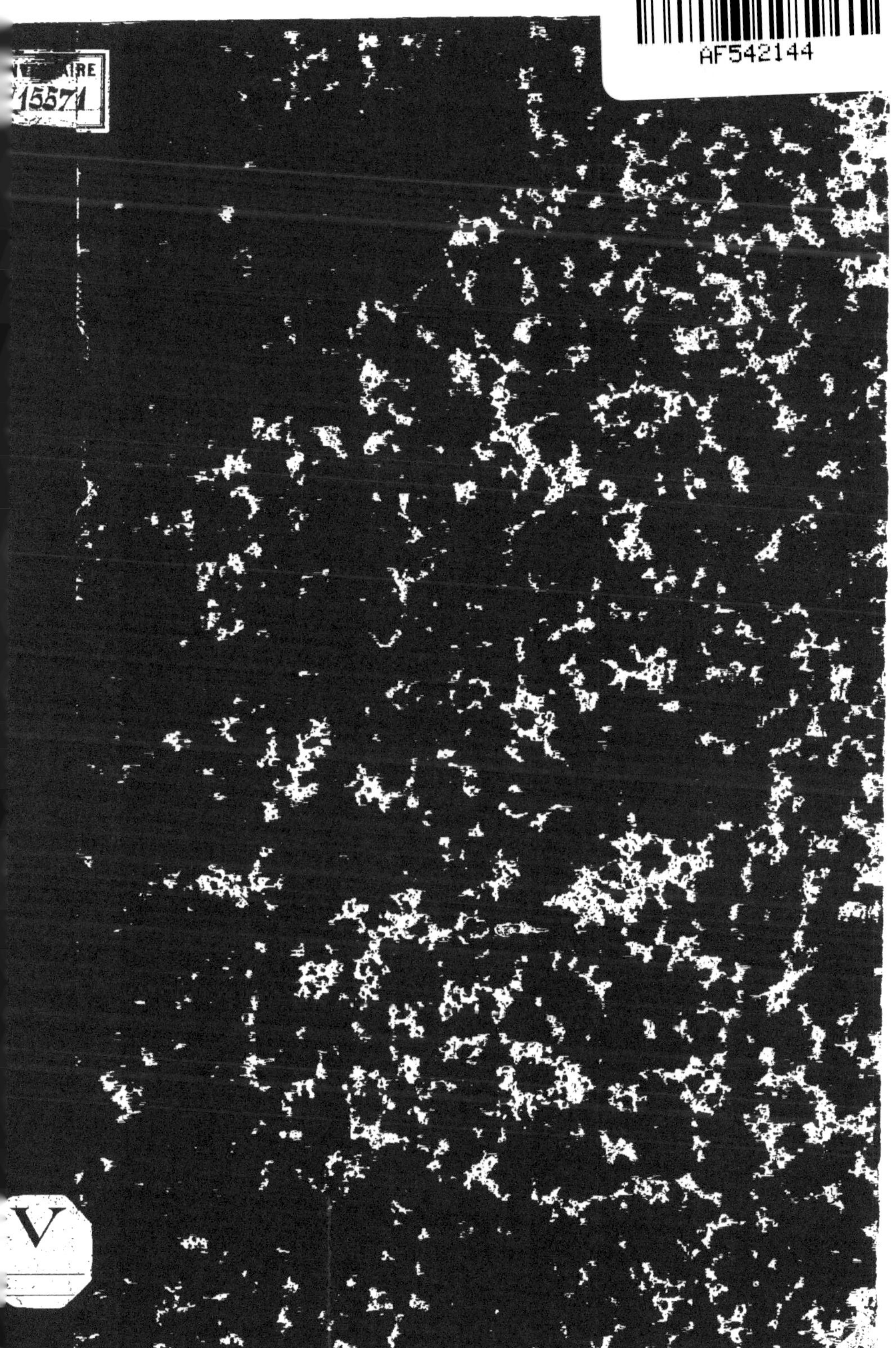

EXPOSITIONS INTERNATIONALES.

LONDRES 1872.

BEAUX-ARTS

ET

BEAUX-ARTS APPLIQUÉS À L'INDUSTRIE.

RAPPORT DE M. OCTAVE LACROIX.

PEINTURE ET SCULPTURE FRANÇAISES.

Les guerres ne sont bonnes à rien. On l'a dit maintes fois, et l'histoire est là pour démontrer qu'elles n'ont jamais servi ni les véritables intérêts des peuples ni les progrès sérieux de l'humanité. Les conquêtes dignes de ce nom, les entreprises fécondes d'une nation chez une autre nation ne coûtent pas une goutte de sang, ne font pas couler une larme. Au moment où la malencontreuse guerre entre la France et la Prusse a éclaté, il y avait en Europe un admirable mouvement qui rapprochait et mêlait, dans des luttes pacifiques, les sciences, les industries et les arts. On s'appelait de partout, on se provoquait amicalement à de nobles concours, et, grands ou petits, les peuples qui se mesuraient ainsi côte à côte se sentaient vraiment unis et frères.

Grâce aux chemins de fer, aux bateaux à vapeur, à toutes sortes d'inventions bienfaisantes, les antiques barrières étaient abaissées, les frontières naturelles, réputées jusque-là les plus infranchissables, étaient détruites. On se connaissait maintenant, et, sans préjugés comme sans rancunes, on se rangeait avec un empressement joyeux dans un même lien de besoins communs et de services réciproques. Tous les peuples, qu'ils fussent du midi ou du nord, se rendaient à peu près justice; ils s'appréciaient, et les meilleurs sentiments allaient, pour ainsi dire, au-devant les uns des autres. Les frontières, les barrières artificielles, si longtemps résistantes, semblaient détruites à leur tour.

Tel était du moins le spectacle qu'avait donné au monde l'Exposition universelle de 1867; tels apparaissaient les heureux présages qui se levaient sur l'avenir. Le travail, la science, la paix, réalisaient, non point les chimères de l'âge d'or ou les utopies de l'abbé de Saint-Pierre, mais cette part de sécurité et de confiance qui amène peu à peu le bien-être général, et qui reste le plus enviable but où puisse tendre l'ambition humaine.

Ce qui nous revenait pour notre propre compte dans la prospérité de tous était bien de nature à satisfaire les exigences d'un amour-propre légitime. La France, du consentement unanime, se trouvait à la tête de l'Europe savante, industrieuse et artistique, et ce n'est pas dans une pensée égoïste et jalouse qu'elle avait travaillé : tous les peuples, ses voisins, ses alliés, ses amis, étaient conviés par elle à devenir, sinon ses adversaires, ses rivaux du moins, et tous ensemble à s'entr'aider à l'envi, à profiter des infinies ressources et des applications multipliées de l'expérience, du talent et du génie.

La guerre est survenue au milieu de ces activités généreuses, comme survient un affreux orage en pleine moisson.

Cependant ces secousses qui, à d'autres dates, auraient tout ébranlé, et ces désastres qui auraient anéanti, pour bien des années sans doute, les travaux et les efforts, l'épargne morale et matérielle d'une civilisation tout entière, n'ont pu, de nos jours, interrompre même, ce semble, les progrès que nous venons de signaler. La France, si cruellement et si profondément atteinte sur d'autres champs de bataille, demeure là ce qu'elle était naguère, et, nous pouvons le dire avec la plus impartiale sincérité, les œuvres de notre intelligence à tous les degrés, notre industrie et nos arts, n'ont point cessé de fleurir.

L'année dernière, nous avons tenu un beau rang à l'Exposition internationale de Londres. On ne s'attendait à trouver de nous, qui étions tombés, au sortir des calamités de la guerre étrangère, dans les horreurs de la guerre civile, que des épaves ou des débris. Nos ennemis s'en réjouissaient peut-être, et nos amis s'en affligeaient. Mais c'était méconnaître la France, et l'événement l'a prouvé de reste.

M. du Sommerard, directeur du Musée des Thermes et de l'hôtel de Cluny, commissaire général de France aux Expositions de Londres, sut mettre, en ces difficultés extrêmes, la vaillance française la plus infatigable au service du goût français le plus délicat et le plus sûr. On accourut autour de lui, on se compta, on se rangea, et, sous de pareils auspices, chacun reprenant espérance et courage, on apporta de toutes parts, nous n'osons pas dire tout ce qu'on aurait apporté en des jours plus calmes, mais assez d'échantillons du savoir-faire de la France, assez de témoignages de sa vitalité puissante, pour guérir à la fois toutes les alarmes et déconcerter toutes les envies.

Cette année, qui est la seconde de l'Exposition de Londres, la France, bien qu'elle n'ait point montré, nous le craignons, tout l'enthousiasme du début et l'empressement qu'on attendait d'elle, est, malgré tout, avec l'Angleterre, la nation le mieux et le plus abondamment représentée à l'Exposition. Si un grand nombre de nos artistes et de nos industriels ne se sont pas rendus à l'appel qu'on leur adressait, constatons néanmoins que les plus célèbres et les plus recommandables sont venus. Et puis constatons encore, à l'honneur du Commissaire général français, qu'il eût été impossible de porter plus de soin et d'avoir l'œil et la main plus heureux dans le choix, l'ordonnance et l'arrangement de tant de produits divers. La comparaison fait ressortir à merveille ces rares qualité d'une consciencieuse et patriotique attention.

— Votre exposition française, en dehors de ses autres mérites, nous disait à Londres un visiteur étranger, votre exposition française est toute claire, toute rayonnante; *elle a tout à fait bonne mine.*

Nous avons vu dans ces paroles un éloge que nous devons reporter à l'homme éminent qui l'a mérité.

I

PEINTURE.

Ce n'est pas en France que les Beaux-Arts surtout, même au milieu des préoccupations les plus cruelles de la politique, perdent jamais aucun de leurs droits. Certes, ils ressentent les contre-coups des malheurs publics et ne se désintéressent point des événements, quels qu'ils soient, qui se succèdent autour de nous; mais, tout en reflétant ces événements et ces malheurs, tout en s'imprégnant de l'esprit et du sentiment de l'heure présente, ils poursuivent leur route et continuent leur tâche.

L'art n'est point un luxe qui ne touche à rien et qui ne tient à rien qu'au caprice ou à l'imagination du peintre, du sculpteur, du poëte : il est une expression nette, claire, éloquente, de ce qui se passe dans les âmes, de ce qui passionne les cœurs et qui, en prenant les formes délicates et fines, ou majestueuses et grandioses, que savent lui donner le talent et le génie, devient l'histoire d'une époque et d'un peuple. Cette histoire, par les arts et la littérature consultés à fond et embrassés dans les maîtres puissants, — par les arts et la littérature mis en demeure de révéler tout le secret qu'ils renferment, — est plus sincère que les récits même de maints chroniqueurs de profession, et c'est en ce sens qu'Aristote s'écriait : « La « poésie est plus vraie que l'histoire. » Pour Aristote, tout était poésie, qui était la création ou l'ouvrage de l'imagination et du talent.

Connaître l'art en France dans sa période la plus contemporaine, c'est donc connaître la France contemporaine elle-même, et pouvoir apprécier par des documents sérieux et sûrs notre présente situation intellectuelle et morale. Ainsi l'a compris le savant et judicieux ordonnateur de l'Exposition des Beaux-Arts français à Londres, et nous ne doutons pas qu'il n'ait ressenti un grand orgueil national, le plus raisonnable des orgueils, à recueillir partout, dans les collections et les réserves de l'État, et dans les galeries particulières aussi bien que dans les ateliers des artistes convoqués pour ce grand concours, des œuvres qui soient capables et dignes d'établir la situation de la France dans le temps où nous sommes, dignes et capables d'affirmer qu'elle n'a point déchu, au contraire!

Deux ans d'exposition et de lutte pacifique à Londres instruisent tous les juges impartiaux et les mettent à même d'apprécier que, si nous avons subi des échecs imprévus et inusités en d'autres rencontres, nous restons ici du moins ce que nous avons été depuis des années nombreuses, — de vrais initiateurs, des propagateurs féconds et des guides. Il faut une mauvaise foi bien avérée ou un aveuglement bien systématique pour en douter.

Or, nous le disons avec un sentiment de satisfaction profonde, parce que l'histoire confirme d'ailleurs cette opinion et que l'épreuve l'a fortifiée, la France n'eût-elle dans l'avenir que sa suprématie inébranlable jusqu'à présent de l'intelligence et des Beaux-Arts, elle resterait une grande, une puissante et respectable nation.

Nos peintres sont en nombre et, qui mieux, ils sont en force. Nous ne comptons pas moins de cinq cents tableaux ou dessins à l'Exposition de Londres.

L'année dernière, Londres avait eu la primeur d'une foule de toiles qui ont reparu ensuite au Palais de l'Industrie. Cette année, nous avons remarqué dans l'annexe française, à côté de beaucoup d'œuvres inédites, des tableaux déjà exposés à Paris, et, de cette façon, les avantages ont été à peu près égaux.

Mais nous n'avons pas été peu étonné de retrouver, par exemple, les *États-Unis d'Amérique*, de M. Yvon, lesquels, selon les probabilités, devaient être installés depuis longtemps de l'autre côté de l'Atlantique. Nous avons reconnu deux portraits célèbres de M. Carolus Duran, la *Dame au gant* et *Mme F...*, qui datent des Salons de 1869 et de 1870. Ces portraits, replacés sous les yeux du public, permettent de constater la nature des progrès accomplis par le peintre pendant ces deux ou trois années. Ces progrès, les défauts marchant avec les qualités, ont été réels, malgré l'outrance des couleurs et la violence des contrastes où M. Carolus Duran s'obstine de plus en plus.

D'autres œuvres, aimées du public parisien et français, ont passé aussi le détroit : la *Françoise de Rimini*, qui marque, à notre sens, la meilleure manière de M. Cabanel ; la *Fontaine en Bretagne*, de M. Bernier ; le *Retour de la fête*, de M. Jundt ; la *Jeanne d'Arc*, de Benouville, dont nous avons retrouvé l'inspiration dans une belle statue en marbre où M. Chapu, au dernier Salon, nous a représenté encore une fois la jeune bergère de Vaucouleurs. Puis viennent la *Mort de Nessus*, de M. Delaunay ; les chaudes et vivantes toiles africaines de M. Guillaumet et de M. de Tournemine ; le *Jugement de Midas*, de M. Émile Lévy, et les deux tableaux si connus de M. Luminais : *Vedette gauloise* et *En vue de Rome*.

Nous avons revu, comme d'aimables et anciennes connaissances, de beaux paysages de M. Blin, de M. Daubigny, de M. César de Cock, et aussi la gracieuse et poétique *Idylle*, de M. Jean-Paul Flandrin.

Parmi les œuvres déjà vues ailleurs, notons la remarquable composition de M. Protais, *1870 !* où, sous un ciel jaune et nuageux, des soldats français sont tombés, blessés ou morts, autour de leur drapeau. Dans le lointain, la lumière sinistre de la fusillade et de l'incendie. L'*Épisode de la retraite de Russie*, de feu Hippolyte Bellangé, est, dans le même genre, un tableau plein de vie et de douleur. La peinture y semble avoir une voix pour gémir.

Passons aux tableaux plus récents. Une *Jeune fille d'Alsace*, de M. Henner, est on ne peut plus touchante avec ses grands yeux pensifs, ses longs cheveux de blonde soie et sa physionomie mélancolique. La *Dryade* et l'*Arménienne*, de M. Landelle, ne sont pas mélancoliques ni rêveuses. La *Dryade*, jolie et piquante brune couronnée de lierre, n'a rien à faire avec la mythologie grecque : c'est une gauloise de la France contemporaine. L'*Arménienne*, une autre brune aussi, coiffée d'un foulard vert, drapée d'étoffes vertes et rouges, est d'un sentiment très-romantique. Elle rappelle cependant les types de femmes fellah, si chers au pinceau de M. Landelle.

Le *Titien peignant la Vénus du duc d'Urbino*, de M. Barrias, est l'étalage, sur des coussins, au milieu d'une lumière douce et pâle, d'une jeune femme nue que le Titien peint et admire. La couleur en est bonne, malgré quelques teintes un peu faibles et indécises. M. Leon y Escosura, dans les *Gardes-malade du jeune Prince*, nous fait assister à une scène, très-finement conçue et composée, de courtisans et de grands seigneurs entourant à l'envi le lit à somptueux rideaux verts où se tient couchée la Majesté d'un roi de cinq ou six ans. *La Rue de Rivoli (matinée du 25 mai 1871)*, déserte et désolée, pleine des fumées de l'incendie, est le navrant spectacle de la guerre civile. Un cadavre est jeté sur la chaussée, et, à droite, de bons bourgeois effrayés guettent le moment de traverser la rue sans péril. Ce tableau de M. Leon y Escosura fait penser à *l'Avant-garde* de M. Dupray, et ne la vaut pas.

M. Tissot est le peintre de la vie anglaise. *La Tamise, la Jeune fille évanouie, M. le capitaine ***, le Colonel ****, sont quatre petites toiles qu'on dirait découpées dans le vif et le vrai du monde et de la société de Londres. Les personnages de M. Tissot sont *parlants*. Tout est anglais en eux, et, à bien les regarder, on croit les entendre. C'est l'accent britannique au complet. Et puisque nous touchons aux œuvres mignonnes, gardons-nous d'oublier un *Lavoir*, la *Pêche du varech* et *Après la pêche*, qui sont de purs miracles de gentillesse, où M. Eugène Feyen a montré en raccourci, toutefois sans rien leur retrancher, de vastes mers et de longues plages. M. Feyen-Perrin, dans un tableau historique, *Charles le Téméraire retrouvé après la bataille de Nancy*, a porté, lui, ce goût de la miniature à des limites extrêmes. Son œuvre est digne d'intérêt assurément, mais ne demande-t-elle pas trop d'attention, et, par ce surcroît de menus détails, ne fatigue-t-elle pas un peu le regard?

La Nourrice au bois, de M. Jundt, est une chèvre blanche qui donne à téter à un enfant, dans un paysage un peu artificiel, mais charmant. On y retrouve ces nappes de lumière vaporeuse et lactée familières à M. Jundt.

Un Incident du siége de Paris, de M. Lucien Joulin, est émouvant comme les souvenirs qu'il rappelle. Vous voyez devant vous une maison éventrée par une bombe prussienne et, couchée dans la rue sur la neige blanche, une pauvre jeune ouvrière tout en sang. Ç'a bien été là une des scènes de l'horrible drame que nous avons vu et subi. *L'Age d'or, pastorale*, par M. Crespelle, est l'antithèse d'un pareil tableau. Au premier plan, un berger, une bergère et leur enfant à cheval sur une chèvre docile. Au second plan, une ronde charmante de joyeuses fillettes. Et puis des arbres, de la lumière et de l'air. Tout cela, d'un ton doux, quoiqu'un peu trop pâle peut-être; c'est bien, en somme, un des aspects de l'âge d'or. On pense aux trumeaux de Boucher ou, mieux encore, aux idylles d'André Chénier.

Mme Henriette Browne a exposé ses *Enfants nubiens aux oranges*, que nous connaissions depuis deux ou trois ans, et, près d'eux, sous ce titre : *Au printemps*, une étude de jeune fille blonde, vêtue de blanc et plongeant son regard, par la fenêtre ouverte et jonchée de lilas, vers les campagnes reverdies où les pommiers fleurissent. On respire avec cette ravissante enfant toutes les haleinées du renouveau. Deux études de guerre et de camp, de M. Eugène Bellangé, digne élève de son père : *Un soir de bataille (Italie)* et *Aurons-nous la guerre? camp de Châlons* (1869), apparaissent non loin de là. Ainsi, dans la nature et dans la vie, tous les sentiments se rencontrent et se contrarient, ou ils semblent se contrarier: mais il n'en est aucun dont l'art ne profite.

Dans le tableau du *Repos*, M. Lehmann a peint soigneusement des jeunes femmes italiennes : celles-ci assises et celles-là couchées. Dans une *Rixe espagnole*, M. Rougeron a choisi l'heure du soir où, dans les ports de mer de la Péninsule, à Barcelone ou à Valence, on se met à jouer du couteau. La colère est peinte sur tous les visages, et les deux ennemis armés sont en présence. Sombre de couleur et d'un aspect sauvage, cette aventure sent bien son Espagne traditionnelle. M. Zuber Buhler aime mieux nous faire voir des enfants qui s'embrassent sous un arbre. La mère, une charmante ouvrière, tient sur ses genoux l'étoffe dépliée et à la main son aiguille industrieuse. Elle se retourne à demi vers un gentil marmot juché près d'elle sur un banc. Ce coin de famille s'appelle *Câlinerie*.

Les bons paysages ne manquent pas à l'Exposition. Citons tout d'abord une *Vue d'Antibes* et des *Châtaigneraies dans la vallée de Jouy*, de M. Viollet-le-Duc. Ce dernier tableau, d'une bonne et solide couleur, nous présente tout simplement un tertre couronné de châtaigniers aux larges ramures et un chevreau broutant çà et là dans les herbes. La *Chasse à l'ours en Moldavie* et *la Rivière d'Orsay* révèlent en M. Mouillion, qui est désormais le peintre accrédité des moissons et des blés, les ressources toujours nouvelles d'un talent délicat et studieux. M. Chenu-Fleury, dans le *Village, effet de neige*, a reproduit, avec un sentiment très-vif de la réalité, les blancheurs et les froidures de l'hiver. *Le Château de Montorgueil (Jersey)*, par M. Justin Ouvrié, élève majestueusement ses guerrières forteresses au-dessus d'une mer bleue, transparente et profonde, et d'une petite ville élégamment étagée.

Il y aurait injustice à marchander l'éloge aux *Fleurs*, aux *Fruits* et aux *Tourterelles* que Mme Éléonore Escallier a exposés. Louons de même les *Enfants surpris*, garçon et fillette, que Mme Muraton a rangés debout et se dressant sur leurs petits pieds autour d'une table où, sur la nappe blanche, on voit non-seulement des fleurs et des fruits, mais encore de grasses huîtres bien ouvertes, des homards appétissants, de savoureux jambons et des pâtés de foies gras irréprochables, — tout ce que la *nature morte* et bien accommodée offre de tentations à la nature vivante. Mme Muraton et Mme Escallier passent à bon droit pour des artistes reines dans cette province particulière qu'elles se sont choisie au milieu même des grands domaines de la peinture et de l'art. Nul ne sait mieux qu'elles trier et grouper les bouquets du printemps, et aussi cueillir et ranger en corbeilles les plus beaux fruits de l'automne.

Nous n'en dirons pas davantage. Ce que nous tenons surtout à faire remarquer ici, c'est l'extrême et heureuse variété des tableaux envoyés par la France. Toutes les manifestations du génie artistique national se trouvent dans ces œuvres diverses, qui n'ont certainement pas toutes une égale valeur, mais dont aucune cependant n'est vulgaire ni triviale. Il n'en est point qui ne commandent l'attention, il n'en est guère qui ne méritent l'estime. A beaucoup d'entre elles il ne manque rien que le vernis suprême et le lustre apportés par les âges; nous ne craignons pas de le répéter, notre époque, sitôt que la postérité sera appelée à lui rendre justice, sera saluée comme une glorieuse époque, et, parmi ceux que nous venons de nommer, parmi ceux que nous nommerons encore, on en reconnaîtrait déjà un bon nombre qui prendront place et rang dans le cercle des maîtres immortels. N'avons-nous pas vu, dès notre temps, cette sorte d'apothéose, qui doit être l'ambition des vrais et consciencieux artistes et leur plus haute recompense, décernée d'un consentement universel à Ingres, à Delacroix, à Decamps et à d'autres encore? Or, à bien les examiner et les juger, nos bons et vaillants peintres contemporains, les survivants et les descendants de cette famille illustre, ne seraient désavoués par aucun de leurs devanciers. Ils continuent la même tâche, ils poursuivent la même carrière et vont au même but; car, si l'artiste meurt, l'art est immortel et rien ne l'arrête.

II

DESSINS. — AQUARELLES. — FAÏENCES. — PORCELAINES. — GRAVURES.

Il y a de bonnes aquarelles dans l'Exposition française : la *Dernière soirée aux Tuileries,* de Mme Adélaïde Ballot; le *Ruisseau sous bois,* de M. Henry Bonnefoy; les *Musiciens à la fontaine,* sujet arabe, de M. Camino; les *Cerises* et la *Fin d'un jour d'orage,* de M. Bruneau; un *Pâturage de la Calabre,* de M. Girard; un *Marquis,* de M. Langlin; des *Danseuses antiques,* de M. Eugène Maison, etc. etc. Tous ces sujets, si différents et qui semblent appeler tous les styles, sont traités au moyen des ressources très-accrues que l'aquarelle, perfectionnée de nos jours, met à la disposition du talent.

La palette des aquarellistes est devenue, en effet, aussi riche que celle des peintres à l'huile. On n'a besoin pour s'en convaincre que de regarder les deux vues de Venise exposées par M. P. Marny : *le Grand canal et le Palais Cavalli* et le *Palais des Doges*. La couleur du ciel, sa transparence chaude, les effets d'ombre et de lumière sur les édifices, la clarté des eaux, où tombent, se reflètent et se découpent les lignes et les contours des quais et des monuments, font de ces aquarelles des morceaux tout à fait dignes d'accompagner de près les travaux les plus estimés des maîtres du genre.

M. Alexandre Bida a appris la science de la composition dans l'atelier et à l'école d'Eugène Delacroix. Son dessin des *Vierges folles*, surprises au milieu de leur sommeil et s'efforçant en vain de rallumer leurs lampes éteintes, nous cause une grande impression par je ne sais quelle poésie biblique et évangélique qui est répandue sur tout l'ensemble, où chaque figure, d'un bon modelé, a sa valeur et trouve sa place.

M. Maxime Lalanne a fait du fusain le rival même du pinceau. Tout ce que peut un peintre et tout ce qu'il ose, il l'ose à son tour et le peut, ou il ne s'en manque guère. Les témoignages sont renouvelés sans cesse de cette habileté prodigieuse. *Dans un parc* est un paysage où la facture large et savante, particulière à M. Lalanne, se montre derechef et s'affirme de plus en plus.

M. Allongé, dans *le Pont de l'Isle-Adam, les Bords de l'Oise à Parmain*, etc., donne encore des preuves à sa façon d'un style sobre et sévère, et qui est loin pour cela d'être dénué d'agrément et de charme.

M. Guillaumot a rempli d'air pur et de lumière sa *Vue générale du parc de Marly*, et son aquarelle de l'*Emplacement où furent exécutés les otages dans le chemin creux de la prison de la Roquette, à Paris*, fait plus que piquer la curiosité : il la frappe et l'émeut.

Nous avons revu avec un plaisir extrême *la Jeune ménagère*, de M. Galbrund. Ce beau pastel, on le sait, appartient à l'État. Il nous représente une jeune fille vêtue de bleu et en petit bonnet chiffonné coquettement, qui tient à la main un moulin à café. Rien n'est à la fois plus gracieux, plus doux de tons et de couleurs, plus naturel et plus simple.

Les pastels et les miniatures de Mme Herbelin sont d'une exquise finesse de touche. Les faïences sur émail cru (paysages et marines), de M. Michel Bouquet; les panneaux décoratifs sur faïence camaïeu, de Mlle Fanny Caille (les *Bulles de savon*, d'après Chaplin, les *Colombes*, les *Tourterelles*), sont des morceaux délicats, charmants et d'une belle venue. Nous en dirons autant des grisailles et camaïeux de Mlle Élise de Maussion, qui s'est appliquée surtout à reproduire des tableaux de Lancret, de Boucher, de Fragonard.

Mme d'Ollendon, élève de Mlle de Maussion, s'adresse comme elle, pour les motifs de ses peintures sur porcelaine, aux spirituels et gracieux maîtres du XVIIIe siècle, à Greuze, à Watteau; mais elle ne laisse pas d'y joindre avec succès Ingres et Prudhon, qu'on a toujours plaisir à retrouver et à revoir. Mlle Thérèse Malen peint soigneusement sur faïence des roses, des lis et des moutons. Ces roses fraîches et vermeilles feraient plaisir au vieux poëte qui les chanta si bien, Anacréon; et Mme Deshoulières s'attendrirait de même sur les moutons et les brebis de Mlle Thérèse Malen. Mentionnons honorablement les portraits de Mlle Hélène Nolde et les petits et mignons tableaux hollandais de Mlle Blanche Piédagnel, les uns et les autres sur porcelaine de Sèvres. Il est difficile de mettre un terme à cette nomenclature de femmes distinguées et vraiment artistes.

Parmi les graveurs français, ce sont les aquafortistes qui ont fourni le plus grand nombre de beaux spécimens de leur talent, et quel talent, sans pair dans son genre, que celui de M. Octave de Rochebrune, ou celui de MM. Jules Jacquemart, Flameng, Delâtre, Veyrassat! Tous, ils forment une grande école, avec laquelle il faudra compter dans l'histoire de la gravure à notre date.

Le Louvre, l'Hôtel de Cluny, le Grand escalier de François Ier au château de Blois, les Terrasses du château de Chambord, nos monuments les plus glorieux et les plus justement célèbres dans leur architecture riante ou sévère, sont saisis d'un regard qui n'omet rien et reproduits avec une précision et une netteté incomparables par M. Octave de Rochebrune. Sous son burin, les monuments de la Renaissance ne conservent pas seulement leur physionomie originale et grandiose, ils ont encore cette majesté idéale et cette éloquence intime qui s'imposent puissamment au voyageur qui les visite et les contemple.

M. Jules Jacquemart nous avait fait connaître déjà et admirer à Paris la fleur du Musée de New-York, recueillie soigneusement et gravée par lui avec cet art consciencieux où il excelle et qui ne laisse rien à désirer. Nous y remarquons, entre autres belles eaux-fortes, des reproductions de tableaux de Van Goyen, de Jordaens, d'Adrien de Vriès, de Cranach le jeune et de Greuze. Les gemmes et les joyaux du Louvre ont trouvé encore en M. Jules Jacquemart un digne et scrupuleux interprète, puisque, sous la gravure même, on les revoit dans leurs facettes miroitantes et pleines de lumière.

Dans un seul cadre, M. Flameng a fait tenir cinq jolies gravures à l'eau-forte, d'après Rembrandt, le père et le maître illustre des aquafortistes, et puis d'après MM. Toulmouche, Carolus Duran, etc. Un autre cadre renferme trois portraits : de *Maurice Quentin de Latour*, de *Mme Derauçay* et de *l'impératrice Joséphine*.

M. Veyrassat a gravé deux admirables dessins de Bida : le *Retour du Golgotha* et le *Juif en prière*.

Il n'est que juste de noter les eaux-fortes de M. Queyroy : *Hôtel de Jacques Cœur à Bourges* et *Vieilles maisons de Luynes*, et aussi les gravures, diversement remarquables, de MM. Bar et Hédouin.

L'exposition de la *Gazette des Beaux-Arts* et les envois de la *Société française de gravure* nous sont offerts à juste titre, par les plus habiles et les plus recommandables graveurs de ce temps, comme la publication si désirable jusqu'à présent des chefs-d'œuvre incontestés et triés avec soin dans les reliques des ancêtres immortels. Raphaël, Corrége, Giorgione, Titien, Luini, Rembrandt, Philippe de Champaigne, Van Eyck, y coudoient Ingres et Meissonier, et c'est une grande satisfaction de voir ce qu'est devenue à notre époque la science de l'interprétation et de la reproduction par la gravure à l'égard de tant de tableaux, popularisés ainsi, mais non vulgarisés.

Populariser toujours sans vulgariser jamais, voilà le but à atteindre pour ces artistes si distingués et si préoccupés des progrès de leur art; ils l'atteignent hautement, ce nous semble.

Les gravures d'après Van Dyck, de M. Bertinot; les portraits gravés de *Schnetz* et de *M. Henriquel*, par M. Bellay; l'*Antiope* du Corrége, par M. Blanchard; *le Château de Marly*, de M. Guillaumot; *la Naissance de la Vierge*, d'après Murillo, par M. Massard, ne doivent pas être passés sous silence.

En un mot, nous tenons à constater, et nous constatons avec joie, que le dessin en France et la gravure, dans toutes leurs variétés si ingénieuses et si nombreuses, avec tous les moyens qu'ils emploient et qui s'accroissent chaque jour, sont au même niveau que la peinture et marchent près d'elle d'un pas égal.

III

SCULPTURE.

Nous connaissions à l'avance le plus grand nombre des œuvres qui sont exposées dans la section française de sculpture. Beaucoup appartiennent à l'État, et le commissaire général de France à l'Exposition de Londres, M. du Sommerard, soucieux des intérêts de notre réputation, s'est appliqué à réunir dans un étroit espace les échantillons les plus caractéristiques de notre sculpture contemporaine.

Par ces échantillons, en effet, on peut juger facilement du reste et se faire une idée de la hauteur où cet art s'est élevé chez nous, dans la seconde moitié du XIXe siècle.

On se souvient du *Tigre terrassant un crocodile* et des *Lion et lionne*, où M. Cain, en deux groupes très-animés et très-expressifs, a rendu le caractère féroce et imposant à la fois des hôtes redoutables des jungles et du désert. Ces groupes, exécutés en galvanoplastie par MM. Christofle et Cie, ornent un petit jardin réservé qui est situé au centre de la section française, et ils y font bonne et belle figure.

Toutefois ils n'ont pas eu la fortune d'agréer aux critiques, un peu trop prévenus, du *Times*, qui les ont poursuivis de railleries et de sarcasmes d'assez médiocre composition. Si ces critiques, fort honorables d'ailleurs, avaient, en tenant la plume, pensé seulement aux lions en bronze du square de Trafalgar, nous ne doutons pas qu'un sentiment d'indulgence pour l'art national et indigène ne leur eût en même temps commandé ou enseigné au moins la justice pour le talent du voisin et du prochain.

L'*Abel mort* et couché sur le sol, de M. Feugères des Forts; le *Diogène*, dédaigneusement accroupi, sa lanterne à la main, près d'un os aux trois quarts rongé, de M. Lepère; le *Mercure*, svelte, léger et poétique, de M. Marius Montagne; *les Lutteurs*, pleins de mouvement, de souplesse et de vie, de M. Ottin; la *Psyché*, admirablement désappointée et triste, de M. Peiffer; *le Joueur de palet*, de M. Tournois; *le Petit buveur*, de M. Moreau-Vauthier; *les Chasseurs*, de M. Maillet; *le Faune*, de M. Captier; *l'Enfant au sablier*, de M. Aizelin; *la Somnolence*, qu'on pourrait nommer aussi bien *la Volupté* ou *la Paresse*, de M. Leroux, sont, — en marbre, en plâtre, en pierre ou en bronze, — des statues et des groupes que nous avons déjà appréciés à leur moment dans leurs qualités supérieures, mais que nous avons eu plaisir à revoir encore. De pareils ouvrages gagneront toujours à être revus.

Comparées aux œuvres rivales, les productions de nos statuaires français témoignent de cette qualité maîtresse sans laquelle on ne fait rien de vraiment durable et que la France possède au plus haut point, le goût ! On y sent à la fois le discernement rapide et le tact exquis. Le goût! voilà bien ce qui nous sauve et ce qui fait notre gloire. Là où la main, nous ne disons pas d'un artiste, mais seulement d'un ouvrier français a touché, il demeure une empreinte que ne laissent pas les autres mains, un *je ne sais quoi*, sur la toile, sur la pierre, sur le bois ou sur les métaux, qui rappelle, comme disaient les anciens, le passage d'une Muse ou d'une Grâce et qui ressemble à un rayon. C'est le goût.

Le *Réveil*, statue en plâtre, de M. Allouard, et *l'Équilibriste*, statue en bronze, de M. Jules Blanchard, sont bien des images de la jeunesse. toute gracieuse et souriante dans la souplesse de ses membres et la vigoureuse délicatesse de ses attaches.

Bacchus jouant avec une panthère, de M. Caillé, est vif, pétulant, aimable : le bel adolescent se mêle en lui au jeune dieu. M. Lequesne a doué son *Esclave romain* du mouvement et de la vie : il marche. *La Chasse au renard* et *le Veneur à cheval*, de M. Mène, continuent le succès si légitime d'un sculpteur du plus grand mérite en son genre. On ne peut avoir que des imitateurs quand on a poussé l'étude des animaux et, pour ainsi dire, la science cynégétique appliquée à l'art au degré où M. Mène les a portées. *Le Jeune homme à l'émerillon*, de M. Thabard, est le pendant de la jolie et très-élégante composition que le même artiste a intitulée *le Chasseur* et que nous avons vue à Paris, au dernier Salon de 1872. « L'objet de l'art, « a dit un homme d'esprit et de suprême jugement, l'objet de l'art est « d'unir la matière aux formes, qui sont ce que la nature a de plus vrai, de « plus beau et de plus pur. » M. Thabard paraît convaincu de la justesse de ces paroles.

M. Charles Cordier, reprenant un procédé ingénieux des sculpteurs anciens, sait allier les métaux à la pierre, le bronze et l'airain à l'onyx et au marbre, et il en a tiré avec talent, particulièrement pour ses sujets africains, des effets on ne peut plus originaux et saisissants. La nature se plaît à ces contrastes. Ainsi se présentent à l'Exposition internationale deux grandes torchères qui figurent des femmes fellah et où le bronze fait ressortir les blancheurs de l'onyx. Une autre femme fellah, sévère et belle, et une almée, jolie et fine, toutes deux en bronze, ont été fort remarquées entre les ouvrages envoyés à Londres par M. Charles Cordier.

Nous aimons moins de lui les *Jeunes grecques*, bas-relief en marbre teinté qui joue au tableau et empiète sur les droits de la peinture. Malgré l'excessive habileté de l'artiste, qui sait esquiver mille difficultés et sauver les témérités même et les hardiesses, nous ne voyons dans un pareil essai qu'un genre vague, indéfini, bâtard.

La statue de *Molière*, de M. Caudron, et le buste de *Beethowen*, de M. Dantan jeune, sont de beaux portraits dans toute l'étendue de l'expression. La ressemblance, les traits extérieurs, y sont saisis vivement, d'un ciseau vigoureux et sûr, et l'on y reconnaît de même la physionomie intérieure, les humeurs, les pensées et les inspirations des modèles manifestées par leurs visages. Pour avoir été plus minutieusement traitées, les statuettes en ivoire de M. Brisvin, *Diane de Gabies*, *le Pêcheur napolitain*, etc., n'en sont pas moins les très-louables reproductions en miniature de conceptions et d'œuvres incomparables; et ces statuettes elles-mêmes ont l'air bien approprié et tout à fait avenant de ces mignonnes figurines en ivoire qui ornaient richement jadis et rehaussaient encore l'art si pur des beaux meubles de la Renaissance.

Les terres-cuites, émaillées ou non, sont grandement en faveur aujourd'hui. Il semble, pour l'amateur et le connaisseur, qu'elles soient la première inspiration, l'ébauche primitive, et qu'elles reçoivent la première empreinte de l'imagination même du statuaire. Souvent, aussi, elles demeurent comme le modèle unique. C'est la première édition d'un livre, avant les retouches que les corrections de la critique et de l'expérience amènent forcément dans les éditions qui vont suivre.

Nous avons vu des terres-cuites remarquablement modelées et fouillées avec une extrême délicatesse par M. Courtet : *l'Étoile du soir*, la *Vénus à la coquille* (terre en deux teintes naturelles), *l'Assomption de la sainte Vierge*, etc.

Les bas-reliefs symboliques et mythologiques de M. Itasse, *l'Industrie, les Arts et le Commerce offrant à la Vapeur leurs produits*, et *l'Abondance, la Prospérité et la Richesse leur venant en échange*, ne sont pas, comme on pourrait le craindre, de bizarres ou obscures conceptions. Nous y trouvons de belles figures allégoriques très-bien exécutées. Notons du même M. Itasse une série de groupes et de statuettes anacréontiques, où les petits amours et les faunes enfants donnent lieu à toutes sortes d'agréables motifs. Comme à M. Itasse, la mythologie grecque a fourni à M. Salmson de charmantes petites compositions en terre cuite : *la Naissance de Vénus*, un *Faune enlevant une bacchante, l'Amour soufflant une pensée*... On songe, en les regardant, à ces gentillesses et à ces grâces qui, pour être enfantines, n'étaient point naïves du tout, et qui, du temps de Mme de Pompadour, prenaient forme et relief sous le ciseau de Coustou, de Clodion ou d'autres sculpteurs de leur école; tant il est vrai, nous ne nous lassons point de le répéter, que tous les genres sont familiers à nos artistes français contemporains.

PEINTURE ET SCULPTURE ANGLAISES.

I

L'Angleterre a toujours aimé les arts. On a trop oublié qu'elle a reçu, dès le commencement du XVIe siècle, l'initiation artistique du vieux maître allemand Holbein, qui vécut longtemps à Londres et qui y mourut en 1554. Après Holbein, Van Dyck demeura en Angleterre, et leur influence à tous les deux a été incontestable dans ce pays. Il y a eu — ce que le public paraît ignorer aujourd'hui — une école anglaise de peinture, et cette école anglaise, qui compte un certain nombre de très-remarquables coloristes, a le droit de s'enorgueillir devant tous des œuvres éminentes de Hogarth, le peintre spirituel et sensible à la fois; de Gainsborough, à la manière large et libre, un peu artificiel et faux comme on l'était en notre XVIIIe siècle; de Reynolds et de Lawrence, les portraitistes admirables et qui ne craignent aucune rivalité.

Disons maintenant que — nonobstant les efforts et le succès même de quelques peintres anglais, héritiers de ces maîtres — l'école anglaise, fondée par eux, n'a pas tenu tout ce qu'on était en droit d'attendre d'elle, ou plutôt que l'école anglaise a cessé d'exister. Pour une cause ou pour une autre, probablement parce que l'activité nationale se portait et se concentrait exclusivement ailleurs, là où les ambitions et les intérêts trouvent des satisfactions plus positives et plus immédiates, la peinture et la sculpture en Angleterre ont déchu. Cette décadence a été d'autant plus visible qu'elle arrivait au moment même où le sentiment et l'intelligence artistiques semblaient s'élever chez les peuples du continent, et plus particulièrement en France.

A l'Exposition de 1855, à Paris, l'Angleterre, malgré les œuvres vraiment dignes d'estime et d'honneur que Mulready, Landseer, Millais et d'autres encore avaient soumises à l'approbation internationale, nous montra des tableaux tels, qu'on n'avait jamais vu ni soupçonné, même dans un *Salon de refusés,* une plus diverse collection de ce que peut enfanter le mauvais goût naïf et qui s'ignore.

D'où pouvait venir à ce degré l'infériorité d'un peuple qui a donné au monde tant de grands hommes, poëtes, mathématiciens et philosophes, lesquels ont su voir et sentir si bien non-seulement l'idéal, mais encore la nature extérieure, toutes ses beautés les plus hautes et tous ses secrets les plus intimes? Pourquoi, à quelques exceptions près, chez ce même peuple, les peintres et les sculpteurs, oublieux de leurs propres traditions, se tenaient-ils en arrière des romanciers et des poëtes, dans cet état d'enfance et de gaucherie?

Il est, certes, difficile de rendre mieux, avec des mots plus vivants, plus colorés, plus sentis, l'homme et le monde, la société et la ville, la solitude aussi, et les champs et les bois, que Shakespeare et Milton, Addison et Gray, William Cowper, Wordsworth, Coleridge, mistress Felicia Hemans et tous les lakistes, et Robert Burns, et Byron et Thomas Moore, ne les ont présentés et rendus!

Est-ce qu'on peut admettre que des mains si habiles à mener la plume auraient tâtonné, hésité, faibli, en maniant le pinceau ou la brosse? Ou bien n'auraient-elles produit que ces tons heurtés et faux, ces couleurs qui grincent et qui jurent, ces paysages que nul n'a connus et heureusement ne connaîtra jamais, ou ces personnages roides, secs, guindés, prétentieux qui ne sont guère moins introuvables . . . ? Tel était le cruel problème que nous nous posions, pour la seconde fois, devant l'Exposition des beaux-arts de l'Angleterre en 1867.

Eh bien, reconnaissons tout de suite que, depuis lors, l'Angleterre, qui avait peut-être dédaigné sans raison la gloire et la fortune qu'on peut acquérir facilement par les beaux-arts proprement dits, s'est ravisée, qu'elle s'est préoccupée d'une infériorité si évidente, et qu'à force de bonne volonté, de patience, d'études et d'efforts de tout genre, coûte que coûte et sans regarder au prix, la voilà qui se recommande d'abord à l'attention et à l'intérêt, en attendant qu'elle puisse conquérir l'admiration même.

Les écoles d'art, et le musée de South-Kensington à leur tête, s'appliquent activement à préparer la restauration des Beaux-Arts en Angleterre.

Quelles que soient encore les inexpériences et les gaucheries, on sent que le progrès est réel et que ce progrès est décidément bien lancé, dans une bonne et sûre voie. Voyez et jugez ! Devant et derrière nous, il y a déjà infiniment mieux que d'excellentes intentions. On a pris le parti d'apprendre, et l'on apprend; on a résolu de se corriger, et l'on se corrige. Nous assistons à la renaissance ou au retour de l'art dans l'industrielle Angleterre. Ce spectacle n'est pas sans grandeur.

L'influence française, la puissance et la contagion de notre exemple se manifestent de toutes parts chez nos voisins; mais, à côté de la France où semblaient s'être réfugiés et acclimatés exclusivement le goût, l'instinct du juste, du vrai, du beau, l'Angleterre s'est écriée : « Et moi aussi, je puis « être peintre et statuaire ! »

Les présages sont sérieux, et nous avons, en bons frères, une joie extrême à les saluer.

Peu de tableaux nouveaux cependant à signaler dans l'exposition de peinture anglaise. Les progrès qui nous frappent à bon droit se font remarquer surtout dans les écoles, au South-Kensington Museum, à la Galerie nationale de Trafalgar square, à la Royale Académie des Arts, aux deux expositions annuelles de la Société britannique de Pall-Mall, etc. Les musées et les galeries abondent à Londres. Ce sont ces musées et ces collections particulières qui ont fourni la plus grande moitié des toiles exposées dans les salles que nous parcourons aujourd'hui, et nous avons revu, avec un sensible plaisir d'ailleurs, des œuvres très-recommandables de Mulready : *la Fuite en Égypte*, des études d'arbres, des études de sépia, etc., et, non loin de Mulready et de ses travaux, d'autres belles études de *lions*, de Landseer. Mulready et Landseer, après Lawrence et Reynolds, sont les patriarches de la peinture anglaise.

M. Leighton est, sans contredit, un des peintres les plus estimables et du premier rang parmi ses meilleurs compatriotes. Nous trouvons, malgré un peu de roideur dans l'attitude des personnages, de précieuses qualités dans son tableau de *Cléobule donnant des leçons à sa fille Cléobulé.* On y apprécie un vif sentiment de la dignité de l'art et du soin avec lequel il convient de l'aborder. M. Millais est l'auteur d'un tableau de *Pizarre s'emparant des Incas du Pérou.* Au XVIIIe siècle, en France, le peintre qui aurait traité un pareil sujet se serait inspiré sans doute du roman de Marmontel, et il eût fait une œuvre fausse et déclamatoire. M. Millais, nous devons lui en savoir gré, s'est montré digne d'une époque où l'on prise avant toute chose la vérité historique, et il l'a respectée autant qu'il a pu le faire, beaucoup plus assurément qu'il n'a respecté cette part de vérité qui doit aussi être gardée dans la fiction même, quand il a peint une *Ophélie* noyée et perdue dans le vert de l'eau, dans le vert du feuillage, dans le vert de la mousse et des roseaux. Nous savons que la nature rapproche et accumule parfois ces effets qui paraissent inadmissibles au jugement d'une critique myope et superficielle; mais, cette critique étant d'ordinaire celle du public, n'est-ce pas une raison pour ne point choisir de parti pris ces tons crus et criards, et pour ne pas les peindre de préférence à d'autres effets moins violents et tout aussi poétiques?

M. Millais est quand même un peintre de grand talent, de ceux au profit desquels on peut appliquer le précepte d'Horace :

> . . . Ubi plura nitent . . . non ego paucis
> Offendar maculis . . .

Il en est de même de M. Watts, si gracieusement inspiré dans ses deux tableaux de *Daphné* et d'*Endymion,* si vrai, si élégant et si aimable dans un *Portrait de lady* ***. M. Poynter, dans *Orphée et Eurydice,* ne se tient pas assez en garde contre l'exagération de la couleur et de la fantaisie. Il faut craindre à la fois les débauches de l'imagination et celles du pinceau.

Un peintre écossais, M. Faed, a délicieusement composé deux tableaux : *le Père et la mère* et *les Fleurs de la lande natale.* Ces deux œuvres, sobres et délicates, obtiennent une estime et une attention qu'elles justifient de tout point. La vive saveur de réalité s'y relève encore d'une pointe de belle humeur rustique, et peut-être y trouverait-on aussi un arrière-reflet de mélancolie campagnarde. C'est bien là le parfum et la saveur piquante de la nature et du cottage. M. Faed est le compatriote de Robert Burns. Il n'est pas étonnant qu'ils aient été doués tous deux de la même inspiration. *Dolorès* et une *Marchande de fleurs de la campagne de Rome,* de M. Philip, sont agréablement observées et interprétées. *Le dernier dimanche de Charles II,* par M. Frith, est une grande toile historique, où les groupes d'hommes et de femmes de cette cour efféminée du troisième Stuart sont ressuscités avec une consciencieuse recherche de la vérité et un remarquable talent de composition.

M. Elmore est, lui aussi, un peintre d'histoire, et c'est aux souvenirs de la Révolution française qu'il va demander volontiers des sujets émouvants et pathétiques. Le tableau de lui que nous avons sous les yeux a pour titre : *Les Tuileries au 20 juin 1792*. Nous y voyons la reine Marie-Antoinette, pâle, mais courageuse, en face de l'insurrection et de l'émeute qui ont envahi jusqu'à son appartement. Ses deux enfants sont auprès d'elle : la jeune princesse, qui sera plus tard Mme la duchesse d'Angoulême, se tient debout et regarde d'un air douloureusement étonné, tandis que le petit dauphin effrayé se blottit dans le sein de sa mère.

Il y a dans cette toile, qui est loin d'être commune, du mouvement, de la couleur, de la vie. Mais l'arrangement du tableau, la façon dont les personnages sont placés vis-à-vis les uns des autres et groupés, sent le cérémonial d'une cour anglaise plutôt que le désordre et l'envahissement de la rue, et que la révolution s'ouvrant un passage dans un palais bientôt désert. Est-ce bien la douleur résignée d'une famille royale française à ces lamentables dates de notre histoire?

Mentionnons avec les éloges qui leur sont dus un grand nombre de tableaux de genre : *les Petits villageois,* de M. G. Smith; *le Bivouac,* de M. C. Lucy; *la Pomme rouge,* de M. G. Hardy; la *Jeune femme,* de M. A. Stocks; *la Brodeuse,* de M. Lumley, etc. Nous y reconnaissons volontiers du naturel, de la fraîcheur et de la grâce, un sentiment poétique et naïf, souvent très-délicat et très-pur. Cela est conçu et dessiné autrement qu'en France; mais cela n'est pas mauvais du tout ni dépourvu de charme et d'agrément.

Nous avons remarqué en outre et nous ne trouvons que justice à signaler ici *le Pont des soupirs,* de M. H. H. Canty; une marine, de M. Webb : *Folkestone il y a cinquante ans;* des *Bœufs,* carrément et solidement peints, de M. Basil Bradley, et une belle variété de têtes de matelots, de M. T. Clack, sous ce titre : *Une apparition de vieux navire à trois-ponts : bon voyage !* (*A peep from an old three decker. « Good bye ! »*)

M. J. Lewis est l'auteur d'un joli et clair paysage de printemps, aux heures rafraîchies du matin, quand les oiseaux, secouant les gouttes de rosée que l'aurore a fait glisser sur leurs ailes, se mettent à chanter leurs plus allègres chansons :

> Then sing ye birds, sing, sing a joyous song.

M. Alma Tadéma, que nous avons apprécié en France et qui nous a montré en lui un si vrai et si particulier sentiment de l'antiquité, que ses derniers tableaux avaient l'air d'avoir été détachés des fresques mêmes d'un palais de Pompéi ou d'Herculanum, M. Alma Tadéma est représenté à Londres par deux très-jolies compositions : *Un Égyptien à la porte* et *le Premier chuchottement de l'Amour*.

Nous ne pouvons, on le comprendra aisément, qu'indiquer d'un regard rapide les toiles méritantes de l'exposition anglaise; mais nous avons tenu du moins à marquer qu'il y a un nombre considérable de bonnes toiles. Les médiocres et les mauvaises n'y manquent pas non plus, mais elles tendent à devenir ou meilleures ou plus rares. En résumé, nous pouvons dire de l'Exposition de peinture anglaise ce que le poëte Martial écrivait de ses propres vers, qu'il jugeait cette fois avec un incontestable sens critique :

> Sunt bona; sunt quædam mediocria; sunt mala plura.

Les Anglais sont des aquarellistes hors ligne. L'aquarelle était peu pratiquée autrefois. On la regardait comme un talent secondaire, ou, tout au moins comme un genre incapable de tons vigoureux et sûrs. On la reléguait dédaigneusement dans les coins négligés des salons ou des musées. C'est un art innocent, disait-on, et tout à fait réservé aux jeunes pensionnaires qui font preuve au couvent de bonnes dispositions et de patience.

Aujourd'hui l'aquarelle a conquis son rang; elle s'est fait admettre partout, et, sous les pinceaux de peintres habiles, elle se fait prendre au sérieux tout autant et tout aussi bien que la meilleure peinture à l'huile. Ces peintres sont parvenus, il faut en convenir, à tirer de la peinture à l'eau les ressources diverses de la peinture à l'huile, et, au moyen de procédés perfectionnés ou moins timides qu'autrefois, on arrive presque aux effets des empâtements les plus solides et les plus riches. Nous avons été à même de voir non-seulement des paysages, des marines, des fruits et des fleurs, mais encore des tableaux historiques peints à l'aquarelle qui rivalisaient avec les couleurs de la peinture à l'huile la plus réussie et la plus savante. Decamps ne trouvait pas mieux, et, pour les couchers de soleil reflétés dans la mer ou empourprant les toits de la ville, pour les vues de quais, de ports de mer, de ponts en pierres ou en briques, l'aquarelle, bien employée, rappelle sans trop de désavantage les belles touches des Canaletti et des Claude Lorrain.

Il y a profusion d'aquarelles très-variées dans l'exposition anglaise. On dirait un musée tout entier. Celles de M. Gilbert, interprétant des scènes de Shakespeare dans les deux pièces *Beaucoup de bruit pour rien* et *le Songe d'une nuit d'été,* sont expressives et gaies. La veine du maître, un peu bouffon dans ces fantaisies qui touchent çà et là aux imaginations de Rabelais, y circule abondamment.

Une *Matinée d'automne dans le parc de Heathfield* (*Sussex*), par M. Marshall. est un paysage où la terne et froide lumière des derniers jours d'octobre est saisie d'un pinceau habile.

Les aquarelles de miss Ellen Partrige, qui reproduisent de petites scènes familières, comme on les goûte de l'autre côté du détroit; les fleurs et les fruits d'automne de miss Sarah Mac Gregor; la *Décoration d'une église la nuit de Noël,* par miss Armstrong; l'*Intérieur gothique de la cathédrale d'Amiens,* de M. Davison; les *Chrysanthèmes,* de M. Harwick; le *Vieux moulin,* de M. Branwhite; *Don Juan et Haydée,* de M. Tidey; *Un jour de neige en Arménie,* de M. A. Churchill; bien d'autres sujets de toute espèce que nous voudrions pouvoir mentionner à cette place, donnent, dans une extrême variété de goûts, de tons et de nuances, de caprices même, la mesure d'un art qui, en Angleterre, nous paraît être en pleine floraison. Par ses aquarelles, l'Angleterre artistique se montre au niveau de ce qu'on a fait de meilleur, et, en ce genre, elle n'a rien à craindre de la supériorité d'aucun peuple.

Des vitraux peints de MM. Hughes et Ashwin, qui nous représentent, celui-là *Notre-Seigneur avec Marthe et Marie,* et celui-ci une personnification symbolique et mystique de *la Charité,* sont certainement de louables tentatives vers l'art du Moyen Age et de la Renaissance; mais ces tentatives ne sauraient encore cependant soutenir la comparaison avec les admirables fenêtres en ogive de l'abbaye de Westminster, par exemple, et des autres belles cathédrales gothiques du continent. En revanche, on ne peut trop applaudir aux efforts et trop encourager la studieuse application des élèves-femmes de South-Kensington Museum, qui ont entrepris de reproduire en mosaïques très-soignées les portraits en pied de Giorgione et de Jean Goujon.

Les gravures anglaises sont répandues depuis longtemps en Europe, et elles ont popularisé en de nombreux keepsakes les jolies et poétiques physionomies des héroïnes nationales de la Grande-Bretagne, soit que ces femmes, ainsi consacrées et divinisées, aient vécu dans la réalité, soit qu'elles n'aient rayonné et fleuri que dans l'imagination des romanciers et des poëtes. Nous avons eu encore, dessinés et gravés particulièrement à la manière noire, les plus célèbres et les plus recommandables tableaux de Lawrence et de Landseer.

La manière noire est-elle d'invention anglaise? Nous ne saurions le dire. Ce qui est certain, c'est que les Anglais s'en sont servis de très-bonne heure, qu'ils l'ont ingénieusement perfectionnée et en ont tiré un parti considérable. Leurs gravures sur acier, sur cuivre et sur bois, témoignent de même d'une attention scrupuleuse et d'un louable souci de faire bien. En faisant bien, ils font quelquefois trop fini, et, comme nous disons en argot d'atelier, trop *léché*. Si l'acheteur bourgeois se complaît à ces détails excessifs et à ces minuties, le connaisseur et l'artiste estiment bien davantage des coups de crayon francs et braves et des coups de burin aventureux et hardis, où l'inspiration, qui est elle-même toute spontanée et aventureuse, trouve bien mieux son compte. Les aquafortistes, chez les Anglais, sont, par cette raison même, au-dessous de leurs graveurs proprement dits et de leurs lithographes.

Nous ne saurions oublier que les bons dessins et les belles gravures d'après les maîtres de tous les pays et de tous les âges occupent à l'Exposition de 1872 une place que leur mérite hors ligne commandait.

II

La sculpture anglaise, au rebours de la peinture, n'est pas, tant s'en faut, dans la voie d'un progrès sensible. L'art des peuples méridionaux a de la peine à s'acclimater dans les brumes du nord. L'olivier d'Athènes n'a jamais pu déployer ses rameaux dans les champs de houblon. On dirait que la statuaire est fille du soleil, et que sa patrie véritable sera toujours la Grèce ou l'Italie. En Angleterre, elle se débat au milieu des lisières d'une enfance prolongée, ou, maigre et fluette, elle semble grelotter sous la pluie et le brouillard. Elle a, en effet, les timidités et les maladresses de l'enfance, et n'en a point la naïveté ni le charme; dans ses prétentions à l'élégance et à la sveltesse, elle reste, en quelque sorte, étique et décharnée. Elle rappelle les premiers essais de l'art gothique avec leur sécheresse, leurs angles disgracieux et leur roideur.

Telle est du moins l'impression que nous a fait éprouver cette rangée de statues monotones et mélancoliques, qu'on a préparées pour la décoration du nouveau palais de Westminster, et où il n'y a, ce semble, ni modelé, ni mouvement, ni seulement conscience de la réalité et de la vie.

D'autres statues se font remarquer par leur attitude maniérée et l'affectation de leur pose. L'affectation est le défaut capital des Anglais dans les arts plastiques. Ils aiment le naturel et la simplicité dans le va-et-vient de leur habitude quotidienne et de leurs affaires; mais ils ne comprennent plus ni l'un ni l'autre dès qu'ils touchent au monde de l'idéal et de l'art.

Il y a sans doute mieux que de la bonne volonté dans les bustes de MM. J. Bell, Foley, Marshall, Durham, Landsheer, Theed, etc.; mais, quel que soit le talent individuel de ces artistes, nous ne saurions reconnaître chez eux que des qualités jusque-là impuissantes. Point d'ensemble d'inspiration, point de lien, point d'école.

La sculpture anglaise contemporaine reste à créer ou du moins à tirer des langes qui l'enveloppent tout entière. Elle doit prouver son existence, mal définie encore et douteuse.

Mais à combien de reproductions savantes et curieuses le génie anglais, cosmopolite et voyageur, ne se rattrape-t-il pas? Il prend son bien partout où il le trouve, il le réunit et le rassemble, et nous avons dans les galeries de l'est, à l'Exposition de Londres, les plus remarquables échantillons, les plus consciencieux fac-simile de l'art mogol, par exemple, et de l'art indien. Des piliers et des colonnes sculptés, couverts de feuillages enchevêtrés et de fleurs; des bas-reliefs où les traditions mémorables de la théogonie et de la mythologie hindoues, les avatars de Wishnou et de Brahma, les épisodes les plus fameux du Ramâyana de Walmiky, sont rappelés scrupuleusement et religieusement; puis des lions, des éléphants et des chiens; des vases de toutes les dimensions et de toutes les formes; des candélabres de tous les métaux; mille merveilles caractéristiques de l'architecture, de la statuaire, de la ciselure à toutes les dates célèbres et chez tous les peuples où la riche et industrieuse Albion a envoyé ses vaisseaux, ont été recueillis ainsi et rapprochés comme dans les pages d'une encyclopédie grandiose. On y peut lire et apprendre l'histoire générale, dans tous ses développements et dans toutes ses branches, de l'esprit humain en travail; on y peut suivre la marche des inventions et des conquêtes de notre race ici-bas. L'Angleterre, si elle ne produit pas pour son compte ou ne produit que peu et imparfaitement, sait importer du moins chez elle toutes les productions étrangères, et c'est avec un grand orgueil et un grand enthousiasme qu'elle encombre ses vastes musées de tant de trésors amassés de toutes mains, ou même qu'elle n'hésite point à bâtir de nouveaux palais pour les recevoir.

Il advient que le goût naît, se forme, se développe et s'épure en face de tous ces modèles, d'où l'instruction jaillit. L'œuvre des maîtres exalte l'esprit, pousse à l'imitation, à l'émulation même, et, à l'heure où nous écrivons ces lignes, des générations d'artistes peut-être sont en train de se préparer pour l'avenir dans les salles et les galeries du British Museum et du South-Kensington Museum.

Les encouragements ne leur manquent pas, et la nation anglaise tout entière, depuis la Reine jusqu'aux plus simples habitants de la Cité, met une telle sollicitude à reconnaître et à récompenser les efforts, à aider et à soutenir les volontés, à fournir, en un mot, à quiconque en a besoin tous les moyens de parvenir, qu'on doit augurer dès à présent les éventualités prochaines où les Anglais pourront, même sur ce terrain des beaux-arts où ils brillent peu jusqu'ici, s'établir dans une belle place et se faire ouvrir les plus honorables rangs.

En France, l'art est devenu une sorte de spécialité. Les artistes forment, pour ainsi dire, un corps de métier, et ils sont à part de toutes les autres professions. Leur métier sans doute est glorieux, mais tout à fait en dehors des habitudes et des tentatives de ceux d'entre nous qui ne s'y sentent point appelés par une vocation irrésistible ou qui n'ont point commencé à le pratiquer de bonne heure. Combien peu, parmi nous, à moins d'être artistes et reconnus pour tels, savent dessiner! Combien peu sauraient copier, même insuffisamment, un coin de paysage, un arbre, une ruine! Nous manquons des premiers éléments du dessin, et nous n'essayons pas de les apprendre. Cependant, le crayon à la main et l'album de voyage ouvert sur leurs genoux, les touristes anglais, jeunes garçons et jeunes filles, s'exercent tant qu'ils peuvent, sur toutes les plages de l'Europe, à prendre au passage tout ce qui va, vient et se succède sous leurs yeux. Ponts et quais, places et monuments, une pierre levée, un bouquet d'arbres, une fleur, tout y passe. A défaut du vrai sentiment de l'art et de la nature, il n'en est guère parmi eux qui n'aient quelque pratique du dessin et le goût de crayonner. Dans toutes les classes de la société anglaise, ce goût national se retrouve et s'affirme parmi des tas d'ébauches imparfaites, quelquefois grotesques et ridicules, mais d'autres fois assez bien réussies et comprises. Encore un coup, il nous paraît difficile que la main ne s'assouplisse pas à l'œuvre, que le coup d'œil ne s'aiguise pas à l'observation et que le talent ne se montre pas enfin.

PEINTURE ALLEMANDE, AUTRICHIENNE, SUÉDOISE ET ESPAGNOLE.

L'Allemagne, sauf la Bavière, n'est représentée à Londres que par des peintures et des sculptures médiocres. La prétention n'y manque pas, mais elle n'est justifiée ni par l'inspiration et la conception des sujets, ni par les qualités de l'exécution. Les Muses, on l'a dit depuis des siècles, n'aiment point les champs de bataille, et il est sans exemple que ces déesses, que l'étude pacifique attire et retient, se soient prises de passion pour les soudards d'aucun temps et d'aucun royaume ou empire. Amoureuses du beau, du juste et du vrai, elles vont les chercher ailleurs.

Toutefois, quelques paysages dans l'exposition autrichienne sont dignes d'égards et de considération. Ils témoignent d'aptitudes et de talents plus réels que ce qu'on peut voir de l'Allemagne proprement dite.

Telles sont une *Vue du lac de Constance* et une *Scène sur le Danube au printemps*, de M. Obermüllner; tels sont surtout une *Chute d'eau* et un *Lever de soleil sur le lac de Garde*, de M. le professeur Zimmermann.

L'école de Munich a fait ses preuves. MM. Ziebland, Henri de Hess, Strœhuber, Kœnig, Cornelius, Schnorr, Schwiser, Ferdinand Piloty, Horschett, Kaulbach, etc., ont fondé en Europe sa réputation et son crédit.

Tous les genres, l'histoire, le paysage, la fantaisie, les tableaux de chevalet, les sujets intimes, les grandes et petites toiles, dramatiques, sentimentales et mélancoliques, les miniatures, les dessins, les lithographies, les gravures, les sculptures en marbre et en plâtre, sur bois et sur métaux, ont eu des représentants, plus ou moins brillants, en Bavière.

Parmi les tableaux assez nombreux que la Bavière a envoyés à Londres, les toiles de M. Baumgartner, un peintre humoriste, obtiennent le plus de succès. Ce n'est pas qu'on y relève des mérites supérieurs et que M. Baumgartner soit un coloriste ou un dessinateur hors ligne, même dans son pays; mais à cette naïveté, qui est de fondation en quelque sorte dans le génie allemand, il joint le goût de la raillerie et de la satire, et ces petites scènes innocentes de la vie domestique, où il se complaît, se trouvent bien de l'assaisonnement.

Une *Nymphe* de M. Correus est heureusement imprégnée d'une virgilienne senteur : elle est du meilleur paganisme. Mais le grand tableau historique de M. Von Heckel, *César et Cléopâtre*, appartient, selon nous, au style académique compassé, empesé, théâtral et faux. Au-dessous et bien loin du sentiment de la nature vraie, franche et profonde, il y a ce qu'on appelle la science de la mise en scène. La science de la mise en scène, c'est le procédé au moyen duquel on frappe les yeux d'un spectateur bienveillant et déjà prêt à subir les impressions qu'on lui réserve; c'est le talent à la fois du régisseur d'un théâtre et des acteurs. Nous nous en sommes souvenu en regardant le beau cadavre de Cléopâtre dramatiquement étalé, et en reconnaissant dans les traits de César, désappointé qu'une si superbe captive ne puisse point rehausser à Rome les fêtes de son triomphe, tout juste ce qu'il faut de mécontentement et de dépit pour ne pas altérer l'ensemble majestueux de son visage.

La Bavière est, en Allemagne, le pays où l'art est le mieux compris, le plus étudié et le plus pratiqué. Des rois, plus artistes que rois sans doute, l'ont poussée dans cette voie recommandable, et Munich, grâce à leur initiative et à leur constante influence, est devenu un musée, une école de sculpture et de peinture, où les chefs-d'œuvre anciens et modernes ont été recueillis, commentés, copiés, et où ils ont dirigé peut-être la vocation d'un peuple qui, au rebours des autres races germaniques, n'est ni militaire de parti pris ni philosophe à outrance. Les Bavarois (et nous leur en faisons compliment) trouvent leur originalité et leur distinction dans des talents plus calmes, moins pédantesques et taquins.

Quelques peintures suédoises, danoises et norwégiennes, sont rangées çà et là, à travers les tableaux envoyés par la Bavière. Elles sont d'un sentiment aimable et doux et d'une couleur fraîche et riante. Nous citerons *le Premier enfant*, de M. Saloman et *le Jour natal*, de Mlle Lagerholm.

On a exposé, en outre, dans ces mêmes salles, plusieurs tableaux espagnols déjà anciens et qui appartiennent à la galerie de M. F. W. Cosens. Ce ne sont point là des Murillo ni des Velasquez, mais il y a de précieuses qualités, de la vivacité et de l'énergie, une originalité pittoresque peu commune dans *le Contrebandier*, de M. Piralta, dans les peintures inspirées par le *Romancero* et la légende du Cid, de M. Ferrandiz; et M. Salva rend d'une manière saisissante et bien vraie l'aspect des lieux, la physionomie et les mœurs des habitants de son pays dans ses tableaux : *Une posada* et *Une messe dans l'Aragon.*

PEINTURE ET SCULPTURE BELGES.

On a mêlé dans les mêmes salles les peintures belges et les peintures russes. Mais la Belgique a aussi une annexe où se trouvent réunies ses œuvres artistiques, les meilleures à notre gré.

Près de la France, dont elle ne cesse de subir l'influence, dont elle reflète docilement tous les rayons et dont elle suit tous les progrès, absolument comme dans une constellation un satellite accompagne toujours la planète principale, la Belgique compte aussi, comme la France, des peintres d'un très-grand mérite.

Tous les genres de sujets sont familiers aux artistes belges. Ils aiment les toiles historiques, ils s'appliquent aux toiles religieuses; ils ne dédaignent pas les paysages ni les marines. Mais les tableaux de chevalet sont, nous le croyons du moins, pour nos voisins de Belgique, l'objet d'une prédilection particulière. Leur inspiration s'y complaît visiblement et leur verve s'y déploie, et, tout en gardant, selon l'usage, le reflet des écoles françaises, ils y ajoutent un cachet original et une marque distinctive. Nous n'avons rien vu cette année à Londres de M. Florent-Willems, de M. Stevens ou de M. Hamman; mais nous avons retrouvé M. Adolphe Dillens et ses compositions rustiques pleines de bonne humeur et d'esprit. *Les Patineurs* et *les Voisins*, de M. Dillens, révèlent dans ce peintre un observateur attentif des habitudes de la campagne, un critique curieux des petites intrigues de la ferme et du hameau. Avec moins d'entrain et de verve que ce maître exubérant qui se nommait Jordaens, mais aussi peut-être avec un sentiment plus délicat ou plus poétique, M. Dillens excelle à rendre la vie terre à terre et commune. Toutefois, la scène de patinage nous paraît, dans plus d'un détail, friser un peu la charge et la farce. Nous préférons du même peintre *les Beautés espagnoles*, si vivantes et si agaçantes sous leurs mantilles noires et leur éventail à la main. Elles rappellent bien le couplet que nous avons entendu chanter souvent à Séville et à Cadix :

En la liga una navaja,
Y la mano en la cadera,
Va vertiendo sal la maja[1]....

On est frappé des effets de lumière projetée où triomphe le talent de M. Van Schendel dans son tableau de *la Foire d'Amsterdam pendant la nuit* et dans celui qu'il a intitulé *Toilette*. Rembrandt aurait reconnu en lui, non pas un imitateur, mais un bon élève. M. Van Schendel montre des qualités de coloriste qui sont rares.

La Chanson à boire, de M. Markelbach, est un morceau plein de vivacité et de gaieté. *L'Amateur*, de M. de Bruycker, est le portrait, au fond d'une serre, d'un jardinier naïf que ses camélias et ses héliothropes ravissent d'admiration et de plaisir. Adam n'était pas plus heureux, croyons-nous, ni plus émerveillé au milieu des pots de fleurs et des plates-bandes du Paradis terrestre.

Nous avons ensuite les *Paysages* de M. Heymans, de M. Keelhof, de M. Quinaux; les *Marines* et les *Plages* de M. H. Bource, de M. Ch. de Beughem, qui tous, mais à des titres divers, sont des témoignages de talent et honorent l'art en Belgique. Mais les *Moutons* de M. Verbœckhoven ont leur réputation faite au marché, et ils ne sont pas estimés moins beaux et moins désirables que les bœufs et les chevaux de Mlle Rosa Bonheur. Nous ne prétendons pas établir ici un parallèle, ni poursuivre, comme d'autres l'ont fait, une comparaison intempestive entre deux peintres de mérite: les *Mou-*

[1] «Un couteau dans sa jarretière et la main sur la hanche, la coquette va répandant la grâce autour d'elle...»

tons de M. Verbœckhoven sont effectivement de beaux moutons, et, peints d'une main savante, ce sont bien aussi de vrais moutons. S'ils ne bêlent pas, ils ont l'air de vivre et de respirer sous leur laine épaisse et annelée.

De fines et délicates aquarelles se mêlent aux tableaux dans la section de peinture belge, et, si nous avons marqué l'influence française chez les peintres de cette industrieuse et ingénieuse nation, nous devons ajouter que les aquarellistes de l'Angleterre ont aussi leurs imitateurs en Belgique.

La statuaire belge n'offre rien de saillant et qui doive lui assigner une place à part dans l'histoire de la sculpture contemporaine. Les groupes en terre cuite de M. Harzé ont pourtant un certain succès en Angleterre. Ce sont de petites statuettes d'après les personnages les plus connus et les types les plus accrédités de Shakespeare et de Molière, et parfois ce sont même des inspirations puisées dans les chansons de Béranger. Ces petits personnages groupés et mis en scène nous donnent l'idée de quelque chose qui ressemblerait en sculpture à du Gavarni ou plutôt à du Daumier. Nous avons entendu une blonde Anglaise murmurer à côté de nous, en regardant les groupes en terre cuite de M. Harzé : *It is the cream of the jest:* « C'est la crême ou la fleur de la raillerie et de la saillie. » C'est beaucoup dire. Convenons cependant qu'une pointe d'épigramme et une nuance de satire sont assez souvent saisies par M. Harzé, qui, dans des dimensions fort exiguës, fait ainsi du bon comique belge.

Comment est-il advenu, demanderons-nous en passant, que l'exposition des beaux-arts belges se soit compliquée d'une foule d'objets de toute provenance et où l'art n'entre que pour peu ou pour rien? Les galeries, à ce point ainsi envahies et encombrées, prennent l'air moins d'un musée que d'une boutique où l'on trafique d'écrans, d'abat-jour, de miroirs, de chandeliers et d'ustensiles d'office ou de cuisine.

Nous ne parlons pas ici, bien entendu, des peintures sur faïence de MM. Hanotel, de Mol et Dauge, ni des peintures sur verre de M. Dobbelaere. Ces ouvrages ont leur valeur sérieuse et méritent les plus honorables mentions. Mais quel regret qu'ils se trouvent confondus dans une multitude d'*articles* hétérogènes qui tentent les consommateurs peut-être, et n'ont, malgré tout, rien à prétendre dans l'admiration et l'estime des connaisseurs!

PEINTURE ET SCULPTURE ITALIENNES.

Nous sommes loin de la renaissance italienne. Hélas! le souffle qui courut alors sur cet admirable pays s'est dispersé, s'est altéré, s'est perdu.

Rien n'y rappelle plus que de bien loin le génie et le savoir-faire des maîtres incomparables. La peinture de leurs derniers héritiers est prétentieuse et fausse. Elle tombe dans la grimace pour éviter le ponsif, et, à la bien voir, elle confine à l'enluminure et à l'imagerie. On se demande d'où vient cette décadence évidente, et l'on s'étonne qu'en face des plus beaux et des plus illustres modèles les Italiens ne tirent pas plus de profit de cet enseignement continuel, auquel il semble bien difficile chez eux de pouvoir se soustraire.

Ce sont des étrangers, des Français, des Bavarois, des Belges, des Espagnols, qui, plus ou moins, aiguisent leur génie et forment leur inspiration aux écoles diverses de ces maîtres uniques, désormais négligés, méconnus ou mal compris dans leur pays même.

L'Italie artistique est devenue surtout un exemple fécond et une grande école pour la France. N'hésitons pas à le dire avec un légitime amour-propre, c'est parmi nous, parmi nos peintres, nos sculpteurs et nos architectes, qu'on peut véritablement reconnaître les influences glorieuses du XVIe siècle italien, et c'est pour la France studieuse que de pareils aïeux, Michel-Ange, Raphaël, Léonard de Vinci, Paul Véronèse, n'ont pas vécu en vain.

L'exposition de peinture italienne à Londres, en 1872, confirme tous les défauts que présentait, en 1867, l'exposition de peinture italienne à Paris. Beaucoup de recherche en pure perte ou pour n'atteindre qu'un style maniéré. Cela n'est franc ni de conception ni de pensée ni de dessin et de couleur, et l'on ne saurait en comparer même la naïveté frelatée qu'aux morceaux les plus mauvais et les plus précieusement mignards de notre XVIIIe siècle français.

Les tableaux de M. Bianchi, *le Troubadour* et *le Violoncelliste amateur;* ceux de M. Michis, *le Messager d'amour* et *le Premier jour de convalescence,* sont de la plus prétentieuse miévrerie; et comment reconnaitre *l'Aurore,* surtout l'Aurore de l'Italie, à moins qu'elle aussi n'ait beaucoup changé et dégénéré, dans cette jeune fille longue et maigre, plongée et noyée dans le bleu, que M. Ceccoli voudrait nous faire admettre et admirer? Nous aimons mieux, bien qu'elle ne soit point sans défaut, *la Femme italienne,* de M. Giuliano. Ce n'est qu'une tête d'étude, mais cette tête est expressive et belle. Parmi les paysages, meilleurs que les tableaux de genre, nous avons apprécié *la Vallée du Pô,* bien éclairée et d'une bonne couleur. M. Doveri a groupé avec art des bergers et des troupeaux de moutons sur les bords du fleuve et dans les replis du vallon. L'ensemble, qui nous rend presque un souvenir de Théocrite ou de Virgile, est d'un gracieux effet. M. Pagliano, dans un voyage en France, s'est inspiré très-heureusement du visage aimable et spirituel dans son expression campagnarde d'une *Marchande de fruits normande.*

En Italie, la sculpture nous paraît supérieure de tous points à la peinture. Elle n'est point exempte pourtant, elle non plus, d'affectation, de convenu et d'artificiel.

Les statuaires de l'antiquité cherchaient, avant toute chose, à inspirer une admiration calme, raisonnée, sereine, par l'accord harmonieux des contours et des lignes, par l'éloquente et pure simplicité. En sculpture, les Italiens contemporains qui subissent pour leur part le faux goût des peintres, procèdent tout autrement que les anciens. Ils tiennent à produire à la fois de grands et de petits effets. Ils veulent émouvoir et frapper, ils veulent étonner et émerveiller. Ils poussent, d'un côté, le désir de se montrer éloquents jusqu'à la déclamation la plus mélodramatique, et, de l'autre, le désir de se montrer habiles, bien avisés et subtils, jusqu'à la ténuité la plus raffinée et tout ensemble la plus puérile. Ils ont recours à tous les procédés de l'art voisin, ils ne reculent devant aucune recette. Ici, ils allongent les paupières ou creusent et fouillent la prunelle pour amener des effets de majesté et de profondeur qu'auraient dédaignés à juste titre les maîtres des vieilles doctrines; là, ils cisèlent, puis grattent, regrattent et recisèlent encore pour prouver que, d'une nuance de l'étoffe ou d'un point de la broderie, ils n'ont absolument rien ignoré, rien négligé, et qu'ils seraient aussi parfaits tisserands ou denteliers qu'ils sont minutieux sculpteurs. M. Vela, dans son *Napoléon mourant,* a témoigné qu'il saurait être, au besoin, un excellent metteur en scène des pièces de l'Ambigu, et qu'il s'entend à merveille aux ruses et aux roueries d'un cinquième acte. M. Vela a fait école.

La grimace, la prétention, l'oubli de ce précepte primordial qu'un art quelconque ne doit jamais, sous peine de se corrompre, empiéter sur le domaine d'un autre art, fût-il art fraternel et jumeau, doivent être reprochés aussi bien aux sculpteurs qu'aux peintres italiens. Il y a excès et débauche de leur part dans un style qui, la nature, la tradition et la science le commandent, doit être sobre et sévère avant tout.

Maintenant et après ces réserves, constatons que les statuaires italiens, moins en décadence que les peintres, font preuve d'une habileté et d'une science de composition souvent fort remarquables. Ils ont le don d'assouplir leurs doigts, et, sous leurs doigts, de ployer le plâtre, le marbre et les métaux.

Le Tasse enfant, de M. Torelli, est l'image d'un élégant, gracieux et svelte adolescent. La poésie est empreinte partout sur le visage et dans les mouvements du jeune poëte, — un peu trop de poésie peut-être, mais, par ces temps de réalisme à outrance, exagérer l'idéal est une faute très-pardonnable. *La Jeune fille fileuse,* de M. Boninsegna, est aimable et charmante, et le marbre s'est prêté pour elle, comme pour *Le Tasse enfant,* à des tons suaves et frais qui rendent on ne peut mieux l'innocence; ces éclatantes blancheurs font penser, en quelque sorte, à la pureté des mœurs et des pensées des modèles.

Nous ne saurions louer les deux statues de M. Calvi : *Hamlet* philosophant, le crâne d'Yorick à la main, et *Ophélie* devenue folle. L'artiste n'a rien trouvé au delà (et nous le lui reprochons), il n'a rien deviné au-dessus de l'attitude, de la pose et de la physionomie des comédiens et comédiennes de Londres, de Paris ou de Florence, qui, grimés de la même façon, vêtus des mêmes costumes et se passant les uns aux autres les mêmes immuables procédés, rendent de plus en plus uniformes et monotones les deux admirables personnages de Shakespeare. L'art du statuaire doit plonger plus loin et plus profondément que le talent de l'acteur, — dans le pays supérieur des rêves du génie du poëte.

L'Industrie, de M. Fontana, est une jeune femme debout, à demi nue, qui tient un peloton de fil qu'elle va dévider autour d'un fuseau. — C'est bien simple, direz-vous. — Hélas! non, cela n'est pas simple, et quoiqu'on y apprécie la souplesse de l'attitude et de la pose, et la grâce de la physionomie, cela sent le recherché, le maniéré. Cette *Industrie*-là n'est qu'une petite coquette : habillez-la, et vous aurez une poupée comme on en rencontre trop souvent dans certains salons parisiens.

Ces Italiens seraient-ils donc, de parti pris, des *abstracteurs de quintessence,* comme disait Rabelais? Or, à notre avis, le *fin du fin* et le *sublimé* n'ont rien à faire ou à voir avec la franchise et la spontanéité des arts. La nature, qui est leur mère à tous, n'y va point par tant de chemins.

M. Tantardini est un sculpteur qui sait son métier, et nous pourrions lui reprocher de le savoir quelque peu trop. On a dit autrefois: « L'art pour « l'art. » M. Tantardini complète la formule romantique, laquelle d'ailleurs ne repoussait pas le moins du monde ce dernier complément, et il dit : « L'art pour l'art et pour l'industrie. » Nous le voyons depuis des années refaire les mêmes modèles et les exposer avec une confiance excessive dans l'illusion bienveillante du public. Le public applaudit au talent de l'artiste, mais il se souvient. *La Baigneuse qui médite* ou qui rêve, un bras sur le front et la main devant les yeux, est une jolie statue. *La Femme voilée,* sous les plis de l'étoffe transparente et légère, nous donne l'idée d'un vrai tour de force. Mais cette pensée qu'on est seulement en face d'une grande difficulté vaincue et le ressouvenir des efforts de l'artiste pour en arriver là nuisent à l'effet général de l'œuvre. Quoi qu'il en soit, *la Femme voilée* et *la Baigneuse*, nées d'un sentiment tout moderne, sont singulièrement expressives et dignes, en somme, d'être rapprochées, comme des sœurs, de *la Lectrice* (*la Leggitrice*) que le même statuaire, M. Tantardini, avait envoyée à l'Exposition universelle de 1867.

PEINTURE ET SCULPTURE RUSSES.

La peinture nous paraît être en progrès chez les Russes. Il y a là, depuis quelques années, une véritable école qui se forme progressivement et se constitue, où l'on manque peut-être encore d'originalité dans l'inspiration et le choix des sujets, mais où du moins la préoccupation de l'art est sensible et où le métier laisse peu de chose à désirer. La couleur est bonne et le dessin est correct.

La plupart des tableaux russes admis à l'Exposition de Londres sont déjà, il est bon de le reconnaître, plus ou moins anciens, et retirés pour la circonstance de galeries particulières ou de musées; ils ne font passer sous nos yeux que le succès acquis et dûment constaté, que la fleur du panier pour ainsi dire. Cependant ils suffisent à nous procurer un juste aperçu de l'état général de la peinture en Russie, et cet aperçu est des plus favorables.

Le Carnaval sur la place de l'Amirauté à Saint-Pétersbourg appartient à S. M. l'Empereur de Russie. C'est un fouillis de gens de toute qualité, de toute physionomie comme de tout costume, qui se répandent, se groupent et se mêlent en scènes de toute espèce. M. Makowski a évité l'écueil ordinaire de ces sortes de compositions, la confusion triviale et le chaos. Si quelquefois, sous son pinceau, la couleur crie, et si le ton semble un peu forcé, dans l'ensemble du moins, ses personnages vivent, parlent, chantent, courent et se trémoussent. Théâtres de la foire, petits spectacles et petits marchands, manants et bourgeois, tout y fait son bruit propre, tout y pousse son cri, tout y dégoise sa chanson, tout y déclame son boniment, tout s'y développe dans sa vérité et son naturel. Ce tableau est enlevé à la pointe d'une brosse alerte et fine, en belle et folle humeur, et il est tout à fait bien enlevé.

Une réunion de famille, du même M. Makowski, n'est qu'une scène toute simple et toute bourgeoise, mais poétique aussi et touchante. La grand' mère, la mère et les deux fillettes sont assises autour d'une table de thé, pendant que le chat se roule familièrement à leurs pieds sur le tapis. En faut-il davantage pour plaire au regard et intéresser la pensée? Lequel de nous ne s'est amusé, comme un chat, tout un jour de curiosité et de paresse, à suivre au plafond ou sur le plancher de son cabinet de travail les mille évolutions et les continuels caprices d'un rayon de soleil? Et pour peu que le cœur nous y porte, la rêverie et la philosophie, les désillusions et les retours, se mettent bientôt de la partie.

M. Sokoloff, dans *le Récit d'un vieux soldat,* nous transporte au beau milieu d'une ferme russe. Paysans et paysannes attablés, le menton sur le poing ou la tête renversée en arrière d'un air d'ébahissement très-pittoresque, écoutent d'un œil et d'une oreille avides les souvenirs d'un vétéran à la mine bienveillante et narquoise à la fois. Avoir vécu nous rend très-doux et très-bienveillants, mais avoir guerroyé et couru les aventures nous rend aussi très-malins. On dirait que l'intérieur campagnard que nous peint M. Sokoloff s'éclaire du même coup d'un rayon de soleil et d'un éclair de gaieté.

On se plaît chez les Russes à ces petits sujets flamands, mais ils y sont traités plutôt à la française qu'à la flamande. De toute manière, on y revient volontiers. M. Rizzoni s'inspire particulièrement de nos miniatures à la Meissonier, et il les imite avec un rare bonheur quand il groupe joyeusement dans une taverne moscovite, autour d'un joueur de mandoline, le ménétrier ou peut-être le rhapsode du village, des paysans encore, des ouvriers, des laboureurs, des rouliers, puis des vieillards, des enfants et des femmes. Avec un grain de mélancolie à l'anglaise, on se croirait, non pas chez un poëte lakiste, comme Wordsworth ou Coleridge, mais chez un peintre lakiste de l'école de ces grands poëtes.

M. Brulloff nous mène aux champs et dans les blés. Ici, l'on entasse les gerbes sur les chars, là, on bat les épis à grands coups de fléaux; plus loin, des jeunes gens devisent d'amour, tandis que d'autres, plus indifférents, sont étendus au soleil et *font la sieste* comme en Espagne. Une jeune mère allaite son enfant. Nous avons au complet, avec son ciel plein de beaux rayons d'or et parmi les gerbes illuminées, le spectacle de la moisson. Ce n'est point la majestueuse et quelque peu théâtrale composition d'un Léopold Robert; en revanche, le sentiment de la nature y est tout aussi vif, et, dans ce tableau de M. Brulloff comme dans la plupart des œuvres de ces clairvoyants artistes russes, rien n'est emphatique, ampoulé, déclamatoire.

L'Oiseleur, de M. Péroff, se découpe aussi et se détache comme une jolie illustration du poëme de la nature et des bois. *La politique après souper,* de M. Jacoby, est une piquante satire, où l'on voit une grosse Éminence deux fois rouge, renversée au fond d'un large fauteuil et digérant à l'aise pendant qu'un jeune abbé timide et fluet lui lit à haute voix le journal du soir. Une *Vue de la Néva, le matin, à Saint-Pétersbourg,* par M. Tsherkasoff, est un vrai tableau du nord, tout imprégné des pâleurs brumeuses et froides du ciel septentrional. C'est du réalisme sans exagération et sans charge; or, quand on ne l'exagère point, le réalisme porte toujours avec soi sa grande part d'idéal.

Entre autres remarquables portraits dans cette même exposition russe, signalons le portrait en pied du prince Gortschakoff, par M. Keller. L'homme d'État, pris et surpris pour ainsi dire dans l'habitude de sa vie, n'affecte aucune pose dramatique ou solennelle. Il ne se compose point pour la postérité, il ne se drape point devant les cabinets de l'Europe. Ainsi présenté, il doit être ressemblant.

La sculpture russe nous offre et nous soumet, par les mains de M. le baron P. Clodt, toute une série d'études en bronze sur le cheval, observé au double point de vue de la nature et de l'art. La noble bête, qui est, comme le chien, de nos plus intimes amis, resterait toujours pour nous digne d'intérêt et de sympathie, ne fût-elle point douée de cette beauté extérieure et de ces qualités morales qui doublent encore la sympathie et l'intérêt.

M. Lieberich a traduit en bronze et composé en scènes spirituelles et familières les petites aventures de la vie quotidienne en Russie. On dirait de jolis petits tableaux de chevalet, devenus métal tout à coup et métamorphosés en bas-reliefs.

Nous n'avons point remarqué d'autres échantillons caractéristiques de la sculpture russe contemporaine.

ARCHITECTURE.

L'Exposition d'architecture, en y comprenant seulement les dessins exécutés d'après les monuments historiques, soit pour nous représenter l'état actuel de ces monuments, soit en vue de leur restauration, abonde en ouvrages remarquables. Français et Anglais ont apporté à ces sortes de travaux le grand soin et l'attention scrupuleuse qu'ils exigent. Si, comme on l'a dit autrefois, l'architecture doit peindre les hommes en peignant les lieux, et s'il faut qu'un édifice annonce aux yeux celui qui l'habite, si les pierres, le marbre, le verre, doivent parler et dire ce qu'ils cachent, on reconnaît encore dans ces dessins les caractères distinctifs des deux peuples. La comparaison en serait curieuse.

Quant à nous, nous nous bornerons à signaler aux connaisseurs et aux juges compétents et spéciaux : dans la section française, *l'Acropole d'Athènes* (état actuel et restauration), par M. Boitte; puis les belles aquarelles de M. Bénard, *la Salle de la signature au Vatican, l'entrée de l'Acropole, l'église Santa-Maria della Salute*, et une magnifique eau-forte, *Vue de la façade de*

Saint-Pierre. Le Château de Blois (état actuel et restauration), par M. Dauban; *le Temple d'Héliopolis* (état actuel), par M. Joyau; les aquarelles d'après les monuments grecs et romains, de M. Pascal; *le Clocher de Notre-Dame d'Étampes*, de M. Selmersheim; le *Projet d'un château à bâtir dans le Worcestershire*, de M. Tronquois, complètent et varient notre exposition.

Nous mentionnerons, dans la section anglaise d'architecture, les *Décorations intérieures de l'église Saint-Matthieu, à Brixton*, par M. Robins; une *Vue de la cathédrale de Tournay*, par M. Batterbury; la *Porte de ville de Laon*, par M. Thomas Cooper, etc.; et, parmi les projets de monuments à élever, un plan d'*Écoles* pour Northampton, par M. William Young; une *Salle de concert public*, par M. Robert Worley; une *Église* de M. Mac Carthy Winspeare, etc.

Dans tous ces dessins, il y a, avec toutes les exigences d'un style formé aux meilleurs enseignements du passé, un réel sentiment de ce qui convient, une sérieuse entente du juste et du beau à la fois, et, sous ce rapport, le progrès de l'Angleterre en ces dernières années est tout à fait sensible. Là encore le goût pénètre, et, s'il reste beaucoup à faire, constatons du moins qu'on s'est mis à l'œuvre de bon cœur. Les constructions du South-Kensington Museum, bien qu'un peu disparates et criantes çà et là, en sont, du plus commun accord, un très-honorable indice.

ORFÉVRERIE. — BRONZES. — CÉRAMIQUE.

I

Il est, non pas dans le caractère français, toujours très-cordial et très-bon compagnon, mais dans l'humeur française, si volontiers mobile et fuyante, d'esquiver, tant qu'elle peut, au gré de son caprice, toutes les ordonnances et règlements. De ce côté-ci du détroit, on ne saurait se soumettre, à moins de contrainte majeure, à suivre le chemin tracé et à marcher, à la même heure et au même jour, là où les autres s'avancent d'un pas obéissant et docile. Bien des fautes et bien des malheurs dans notre pays s'expliquent au moyen de cet esprit originel d'insubordination et d'indiscipline; mais ce sont là des observations qui n'entrent pas, aujourd'hui du moins, dans nos cadres. Constatons seulement que, l'année dernière, les joailliers et orfévres français avaient, sans y être invités le moins du monde, envoyé à l'Exposition de Londres de très-remarquables échantillons de leur industrie et de leur art, et que, cette année où tout était préparé pour les recevoir, ils ont résisté, ils ont boudé, et n'ont brillé que par leur souvenir et leur absence.

Beaux souvenirs sans doute et regrettable absence! Mais, dans les raisons données autour de nous pour justifier une pareille abstention, — le désir, par exemple, de ne pas trop livrer à la contre-façon étrangère et au plagiat l'originalité de ses conceptions et de ses modèles, — nous n'en trouvons pas une qui vaille la discussion ou le sérieux examen. Notre génie et nos habitudes n'ont rien de méticuleux ni d'avare; ils nous poussent, au contraire, à la vulgarisation de toutes nos ressources intellectuelles, morales et artistiques, et jusqu'ici, grâce au ciel, nous n'avons jamais cru à leur épuisement ou à leur appauvrissement possible. Les transformations et les rajeunissements, qui se succèdent dans notre histoire, permettent de penser que nous n'avons dit sur aucun point notre dernier mot à l'admiration du monde. Et puis, en dehors de ces considérations du plus naturel amour-propre, ce serait un calcul bien mal fondé que celui qui prétendrait soustraire aux mille moyens d'investigation et de recherche dont on peut user autour de nous et se réserver exclusivement la propriété d'une œuvre quelconque ou d'un procédé. Au temps où nous sommes, la lumière abonde de toutes parts, et il n'est pas de sanctuaire si caché où l'idole ne soit bien vite pesée, mesurée et jugée par les plus profanes.

Nous n'avons donc guère à parler ici que de l'orfévrerie et de la joaillerie étrangères, très-honorablement représentées, pour l'Angleterre surtout, par l'élite des industriels et des artistes des Trois-Royaumes.

On a reproché souvent aux Anglais d'aimer, jusque dans leurs moindres bijoux, le massif, le lourd, la matière compacte, et de sacrifier de parti pris la qualité à la quantité. Le bloc, pourvu qu'il soit d'or ou d'argent, leur va, disait-on, à merveille, et l'art pour eux disparaît dans le prix du métal. Ce reproche est exagéré, à notre avis, ou plutôt il perd de jour en jour de sa vérité et de sa justesse.

L'or et l'argent cependant sont encore pour beaucoup et nuisent aux exigences du style et de l'art proprement dits dans ces collections de la joaillerie de Birmingham, aux bijoux si abondants et si divers. Les turquoises, les brillants, les perles, le corail, les rubis et les émeraudes, l'onyx et le saphir, les émaux de toute espèce, les ors colorés, y sont prodigués à pleines mains, trop prodigués assurément, et l'on regrette ces folles dépenses. L'élégance et la beauté s'obtiennent à plus et à moins de frais. Mais, sous ce luxe d'artisans millionnaires, il y a aussi, on le sent, la préoccupation nouvelle d'un progrès réel à atteindre, et, si l'on compare les bijoux de Birmingham en 1872 à ce qu'étaient les mêmes bijoux lors de l'Exposition de 1867, le progrès est déjà incontestable.

Birmingham est d'ailleurs le centre principal de la joaillerie anglaise. Les préférences indigènes s'y marquent et s'y trahissent dans toutes les pièces d'une fabrication qui se montrait naguère encore trop ouvertement industrielle, et ne comprenait pas assez que le poids, en fait d'œuvres d'art, est le moindre et le plus trivial mérite. Les joailliers de Birmingham tendent de jour en jour à le comprendre mieux et à se corriger.

Quoi qu'il en soit, les manufactures de Birmingham, qui exportent leurs produits dans les Indes et dans les autres colonies anglaises et en fournissent aussi les États-Unis et l'Amérique du Sud, ont porté, depuis 1865, le nombre de leurs ouvriers de 1,700 à 7,278, et l'on n'estime pas à moins de 286,868 livres sterling la valeur des bijoux exportés.

Les joailliers de la reine, M. Hancocks et Cie, nous semblent être pleinement au courant de la technique moderne dans la variété de ses procédés et de ses moyens. Près des pierres fines d'une nuance rare et des gros diamants venus du Cap qui s'étalent à leurs vitrines, ils ont exposé des diadèmes, des bouquets, des aigrettes, formés avec le plus grand soin, et où les pierreries se mêlent et se marient sans surcharge dans un harmonieux ensemble. L'Assyrie et l'Égypte leur ont fourni d'originales et pittoresques inspirations. Ainsi, dans ce double style oriental est une riche et élégante parure où, le long de la chaîne émaillée, s'enlacent et se groupent, parmi les diamants, des émaux cloisonnés blancs, verts et rouges, des camées fouillés minutieusement qui reproduisent — momies ou têtes de sphinx, plaques ou médaillons, — toutes sortes de sujets anciens et modernes. Et les rubis, les améthystes, les sardoines, les saphirs, les lapis-lazuli, y sont semés et enchâssés partout avec une prodigalité magnifique.

MM. Howell et James, sur les indications d'un érudit consciencieux qui est du même coup un artiste distingué, et d'après les dessins d'un peintre célèbre, M. Leighton, ont composé leurs bijoux emblématiques où les diamants, les perles et les pierreries rehaussent encore l'éclat des fleurs et des oiseaux émaillés. Tout cela, destiné à figurer *le Mariage et l'Amour, la Constance, la Pureté, la Foi*, etc., peut être accusé par des connaisseurs sévères d'un peu de bizarrerie ou de recherche, mais est loin d'être sans agrément et sans grâce.

Nous ne pouvons que mentionner en courant les colliers, bracelets et boucles d'oreilles de MM. White et Campbell, qui semblent s'être appliqués particulièrement à reproduire l'art égyptien; les broches et bracelets écossais de M. Crighton, où des cristaux d'un jaune sombre, originaires des montagnes mêmes de l'Écosse, produisent un effet singulier, mais qui est original, en somme, et qui plaît; les bracelets de M. Richard Green, lequel, dans le camée sculpté ou sur l'émail, nous offre des petits tableaux de genre ou des marines, ou encore des paysages de la Suisse; les bijoux de MM. Word et Cie, où l'on voit, encadrés dans l'or, l'argent et les perles, et au risque même d'offenser un peu le bon goût, des oiseaux de paradis, des scarabées et des coccinelles; et enfin les diamants, les coraux et les opales de M. Bright.

Certes, tout n'est pas irréprochable et sans tache dans cet amas, dans ce fouillis qui éblouit les yeux du visiteur, et où la bijouterie anglaise a voulu ouvrir tous les trésors de ses écrins et accumuler toutes les prouesses de son savoir-faire. Les orfévres et joailliers anglais ont encore beaucoup à apprendre, et l'on pourrait dire que leur style n'est pas formé. Toutefois, leur goût, à eux aussi, s'épure sensiblement; on les sent pris de cette bonne volonté et animés de cette curiosité studieuse qui éclairent et guident le regard en même temps qu'ils délient et qu'ils assouplissent la main. Le souffle artistique passera ensuite de lui-même, en les dégageant, en les rendant élégantes et légères, à travers ces masses de métal et de pierres, dont le poids et le volume ont fait trop longtemps la valeur.

Dans ces mêmes galeries de la joaillerie et de l'orfévrerie anglaise, nous avons pu comparer aux ouvrages contemporains des bijoux de dates antérieures et de divers pays, prêtés par miss Braddon, par mistress Dunville, par mistress Skelton, et surtout par mistress Alfred Morrison. Nous avons vu là des bracelets de Duran, des croix émaillées de Lepec, qui, dans leurs moindres détails, portent l'empreinte d'un toucher habile et délicat; nous avons vu aussi des bracelets indiens ingénieusement ciselés et fouillés, et des bijoux espagnols où, selon la tradition arabe persistante en Espagne, le clinquant domine. Le bijou espagnol est toujours un peu criard et tapageur.

M. Zuloaga, de Madrid, dans ses bijoux damasquinés et niellés, a fait preuve d'un goût exquis; mais il représente à peu près seul l'orfévrerie espagnole de ces dernières années à l'Exposition de Londres, tandis que l'orfévrerie italienne y est représentée par M. Alexandre Castellani, le célèbre orfévre romain, et M. P. Bazzanti. Une profusion de mosaïques byzantines et florentines du meilleur style, des fantaisies étrusques et grecques, une extrême recherche de l'archaïsme, tantôt païen, tantôt chrétien, distinguent principalement les bijoux venus d'Italie. Comme d'habitude, le corail y tient une large place, et il s'y montre, là en camée et enchaîné dans la texture même de l'objet, ici égrené et flottant au milieu des filigranes d'argent et d'or.

Un collier de corail, monté sur or, genre étrusque, de M. Alexandre Castellani, joint à la finesse la douceur d'une gamme chaude et tendre. D'autres compositions, formées de camées enchaînés et ornés d'inscriptions grecques, sont d'un style à la fois noble et charmant. Nous rappellerons celles que l'artiste italien a désignées sous les trois noms des vertus théologales, l'Espérance, l'Amour, la Foi : Ἐλπίς, Ἔρως, Πίστις.

Mais, à côté des joyaux qui sont l'ornement et la parure des privilégiés de la fortune et qui resplendissent de tous leurs rayons à la cour et à la ville, n'y a-t-il point, pour cette population plus simple et plus modeste, qui vit aux champs et se contente de peu, des bijoux qui ont aussi leur grâce et qui méritent de ne point passer inaperçus devant le studieux et l'artiste? La beauté fleurit partout, chez les bergères comme chez les reines, et il n'est pas de recoin si ignoré où elle n'ait le souci de ce qui lui sied et doit la relever encore ou la faire valoir. Les paysans ne s'en tiennent pas aux rustiques et aimables fleurs du vallon ou de la colline : ils ont leurs couronnes, leurs colliers et leurs bracelets, leurs agrafes sculptées et leurs chaînes de fin métal, et, d'une contrée à l'autre, ces bijoux ne manquent pas d'un cachet particulier de naïveté et de franchise, qui reflète et reproduit, dans tous les pays et sous toutes les latitudes, les sentiments divers, les croyances et les mœurs. Le style, c'est l'homme, a-t-on dit; le bijou du paysan, c'est le paysan.

Nous applaudissons à l'idée heureuse et pleine de justice qu'a eue la Commission de l'Exposition de Londres, en faisant leur place aussi vaste que possible aux bijoux et aux joyaux de la paysanne et de l'ouvrier. Il y a là de quoi éveiller, de quoi toucher et retenir la sympathie de l'homme de goût et du sage; il y a plus encore, les artistes peuvent y trouver à l'occasion de véritables modèles.

Toutes les nations et toutes les races ont été conviées à ce tournoi de l'élégance agreste et du luxe campagnard, et la collection des bijoux populaires (*worn by the peasants*) est des plus complètes. Les différentes provinces de la France, les cantons suisses, les royaumes et duchés de l'Allemagne, les districts et comtés de l'Angleterre, puis l'Algérie, la Nubie, l'Égypte, les Indes, l'Asie Mineure et l'Australie (nous citons pêle-mêle), ont été mis à contribution.

Rien n'est plus varié. Tous les motifs, toutes les inspirations, toutes les formes se rapprochent là sans se confondre, et ces notes, les plus étranges en apparence et les plus contrariées, ne produisent dans l'esprit, comme sous le regard attentif, qu'un sentiment de réelle et calme harmonie.

Les bijoux suisses, broches et chaînettes en argent, destinés à orner le corsage de velours et à être fixés sur la poitrine, rappellent fréquemment les images du taureau et de la vache chers aux pâtres. Dans les bijoux irlandais, nous voyons de même revenir souvent *la lyre d'Erin*, absolument comme on retrouve sans cesse le croissant et l'étoile dans les bijoux turcs.

L'argent est le métal le plus employé par les paysans de la Bavière. Ils le tordent et le façonnent en mille manières, suivant les tendances et les pentes d'un sentimentalisme convenu à l'allemande et faux. Leurs agrafes, leurs boucles et leurs broches en saules pleureurs et en urnes cinéraires sont d'un goût contestable. Il en est de même de leurs coiffures prétentieuses formées de lamelles dorées et de chapelets de verroterie.

L'Autriche, plus franche et plus gaie, se plaît aux couleurs voyantes et riantes qu'elle produit par toutes sortes de rapprochements de pâtes, imitant, dans leurs teintes, le rubis et l'émeraude, la turquoise et l'opale.

Les paysannes de la Suède et de l'Islande suspendent au bout de chaînettes en argent de petits disques du même métal, et se parent volontiers la tête et la poitrine d'ornements en acier taillé à facettes. Beaucoup d'entre elles se couvrent ou s'arment plutôt d'une espèce de corselet métallique, semblable à ceux que revêtaient autrefois les chevaliers partant en guerre.

En Espagne, les parures populaires, qui ne manquent pas d'un certain air provocant et coquet, révèlent un peuple qui ne lésine pas sur la quantité du métal, or ou argent. Ce sont de longues boucles d'oreilles, d'énormes épingles, des agrafes flamboyantes ou fleuries, gothiques quelquefois, quelquefois arabes, et puis des croix de toute dimension et de tout aspect, des cœurs enflammés de Jésus et de Marie, ou des Colombes mystiques aux ailes déployées. Cela luit et bruit et fait penser malgré soi aux clochettes des mules castillanes autant qu'aux costumes bariolés et à grand fracas des toreros de Séville ou de Grenade.

En Écosse, les parures des femmes et les armes des hommes, très-originales et très-pittoresques, sont ornées de larges cristaux sombres et comme enfumés. Elles ont je ne sais quoi de sauvage et de hardi qui trahit les instincts et les mœurs d'une population de chasseurs et de guerriers.

La bijouterie populaire des campagnes de la France est d'un goût plus sobre et plus pur que celle des autres nations. Le génie français se reconnaît jusque dans ces produits de l'industrie la plus vulgaire. Mais ce ne sont pas les bijoux normands, par exemple, si lourds, si épais et d'un dessin si incorrect, où le strass et autres pierres fausses sont grossièrement enchâssés dans de grosses montures d'or et d'argent percées à jour, qui justifieront nos éloges.

Ceux de Bourg-en-Bresse sont déjà plus remarquables. Leurs émaux, verts, bleus et rouges, se détachent gracieusement dans une bordure de filigrane assez savante. La Touraine expose des ornements, croix en argent et pendeloques, où les pâtes colorées animent d'un ton chaud la froideur et la pâleur du métal. La Bourgogne et la Provence ont le pas sur toutes nos provinces. A Mâcon, de jolies petites plaques d'acier poli, découpées avec une grande netteté et comme à l'emporte-pièce, sont fixées sur des colliers de velours noir, pareils à ceux que nos élégantes parisiennes ne dédaignaient pas de porter il y a quelques années à peine. Les paysannes d'Aix et d'Arles mettent coquettement, sur leurs costumes pittoresques, des bijoux très-éclatants et d'une forme tout à fait inusitée ailleurs : ce sont des coquillages en or et en argent ou des fleurs métalliques d'un minutieux travail.

Si nous allons de France en Abyssinie (le voyage est facile, l'un et l'autre pays se coudoient dans la même galerie), nous rencontrerons une bijouterie étrange, extravagante, et qui tient par plus d'un côté à la quincaillerie. Les métaux se marient aux tissus, et ils prennent sur la trame tous les aspects et toutes les figures. Ce sont des lions fantastiques, des fleurs impossibles et de chimériques étoiles; des arbres inconnus parmi des tubes en forme de clochettes. Malgré tout, ces ornements, la plupart en argent repoussé, ne laissent pas d'être d'un style puissant et décoratif, et ils conviennent à ces natures primitives qui ne sont pas dépourvues, même aux derniers rangs et chez les plus pauvres, d'une certaine grandeur extérieure.

La Chine, le Japon et la Perse ne nous offrent rien de bien saillant. Leurs colliers en jade ou en laque, leurs broches en fleurs artificielles ou en boules de verre, leurs bracelets en argent sculpté, sont laids et communs. En Chine et au Japon, le luxe n'est point populaire : c'est le lot des riches. Mais l'Inde, en revanche, nous apporte des merveilles à profusion. Ce sont, en effet, des prodiges d'art et de patience, que ces bracelets, minces et légers, semés de pierreries et de perles, que ces incrustations d'or et de pierres précieuses, que ces bouquets de fiancées en filigrane, où la délicatesse de la fleur est saisie au vrai et sur le vif, que ces anneaux et ces colliers, ces coiffures enfin où la matière s'est docilement laissé maîtriser et dompter sous le doigt de l'artiste, pour se prêter ensuite aux caprices les plus inouïs et les plus variés de l'imagination et de la fantaisie. On se sent dans un pays féerique, chez des peuples qui ont reçu entre tous le don suprême de l'invention, la science de la mise en œuvre, et qui joignent à ces enviables facultés une activité soigneuse, une application attentive jusqu'aux plus imperceptibles détails.

Mais ce sont là des qualités et une vocation qui semblent exclusivement réservées à ces populations de l'extrême Orient. Elles n'appartiennent point certainement à nos ouvriers d'Europe, plus impatients de tirer parti de la matière qu'ils travaillent. Aussi la joaillerie et la bijouterie indiennes ne nous paraissent-elles point destinées à devenir populaires et à faire école parmi nous.

II

Nos orfévres français, nous venons de le voir, se sont tenus, cette année-ci, à l'écart et en dehors de l'Exposition de Londres. Mais il n'en est pas de même de nos fabricants de bronzes et de ces autres objets où l'art participe pour le moins autant que l'industrie. L'annexe française est littéralement encombrée d'œuvres remarquables à bien des titres et, disons-le franchement, tout à fait sans rivales.

« Rien de trop, » disent les experts et les maîtres. « *Quid decet,* » disaient les anciens. La mesure et la règle, jusque dans les prodigalités de la richesse et de l'opulence, et la beauté sans surcroît, sans surcharge ; la sobriété calculée et savante, la sobriété quand même, voilà, nous l'avons fait déjà remarquer sur tous sujets, ce qui distingue notre nation, sa qualité exquise, et, si l'on peut ainsi dire, caractéristique et personnelle. C'est le sentiment exact, persistant, opiniâtre des convenances, et, conséquemment, l'horreur du trivial autant que du faux. Une sorte d'instinct nous fait saisir toutes les nuances du juste et du vrai en toute question d'art et de poésie, et nous préserve en même temps des exagérations et des faux pas. Il y a, dans les chemins difficiles du bien, du vrai et du beau, mille pierres d'achoppement qui font trébucher les mieux intentionnés souvent et les plus attentifs, mais que le poëte, l'artiste et l'ouvrier français tournent vivement, esquivent ou éludent, et l'écueil devient parfois pour eux l'occasion d'une prouesse encore ou d'un nouveau triomphe.

La matière, en ces ouvrages de l'industrie artistique, compte pour peu ; elle disparaît et se perd dans le travail de l'artiste qui la transforme et l'anime presque à son gré. Sortie de ses mains, elle a, en effet, une vie propre et une âme, et la composition achevée et parfaite n'est que le voile transparent qui s'adapte sur une conception supérieure pour en faire ressortir le sentiment profond et la grâce intime. L'âme vit, s'agite et rayonne à travers les plis du vêtement. Tout a son âme : l'étoile et la fleur, la table de la famille et la maison transmise par les ancêtres. De là ce beau vers de Job, imité par un grand poëte :

Ma maison me regarde et ne me connaît plus.

Comment ne pas admirer, dans les objets exposés par M. Barbedienne, une coupe grecque en bronze fin et du plus beau modèle ? La coupe, disait Anacréon, se vivifie à la liqueur vivante qui la remplit jusqu'aux bords... Ces incrustations d'or et d'argent en relief, ce médaillon qui représente la tête de Méduse, couronnée de serpents, ces oiseaux et ces fleurs entrelacés, tout, jusqu'au trépied également incrusté d'or et d'argent et formé de tigres sculptés, des tigres chers aux triomphes de Bacchus, tout, disons-nous, est ingénieusement trouvé et merveilleusement rendu.

Une garniture de cheminée, en bronze doré et marbre griotte, style Louis XVI, et où l'or mat est ciselé avec une incomparable habileté; une grande lampe Renaissance qui allie au marbre rouge et aux ornements en bronze argenté les plus curieux émaux de Limoges; de hautes torchères Renaissance en bronze, dues au talent et aux études de MM. Falguière et Paul Dubois; un grand nombre de coffrets, de jardinières, de bonbonnières émaillés, maintes œuvres de toute dimension et de tout style, le majestueux et le grandiose à côté du mignon, témoignent de cette application et de ce soin extrêmes, qui sont le signe partout en Europe des produits de M. Barbedienne et qui ne cessent de maintenir et d'accroître sa renommée.

M. Cornu se recommande à l'attention par le savant alliage qu'il sait faire du marbre et du bronze, auxquels il associe encore les émaux cloisonnés. Si le goût sévère n'approuve pas toujours ces mélanges, on ne saurait du moins méconnaître qu'ils ont fourni des éléments nouveaux à l'art décoratif, et qu'ils ont des effets on ne peut plus éclatants et riches.

Les objets envoyés par M. Cornu ont été fabriqués spécialement pour l'Exposition de Londres en 1872. Signalons tout de suite, parmi les pièces les mieux réussies, un beau buste de Minerve. La mâle figure de la déesse, en bronze médaille, est surmontée d'un casque en platine et or. La draperie, largement posée sur les épaules et la taille, est taillée dans un marbre bleu-turquin. Les ornements, appropriés avec une véritable entente du sujet et selon les traditions des poëtes, marient au bronze doré des émaux cloisonnés d'un remarquable relief.

M. Cornu a exposé, en outre, deux grands vases en onyx cachemire, portés et soutenus légèrement par de jeunes Tritons en bronze florentin. Des Chimères en bronze forment les anses gracieuses de ces vases, et des ornements en cuivre poli en complètent le riche et artistique ensemble.

Des lampes de différents styles, des pendules Louis XIV, de magnifiques coupes, des jardinières où l'onyx, le bronze et les émaux concourent à l'envi aux effets les plus harmonieux ou les plus piquants, témoignent encore en faveur de la maison de M. Cornu.

M. Christofle a conquis depuis longtemps son public. Ce public nombreux se recrute dans les deux mondes. Novateur, M. Christofle a introduit l'art jusque dans les objets et les ustensiles les plus usuels, et, grâce à lui, le goût, si longtemps altéré et dévoyé, s'est assaini, épuré et a retrouvé les bonnes routes. C'est un service rendu dont il faut lui tenir compte. Par les procédés de M. Christofle, la magnificence, qui n'appartenait jadis qu'aux rois et aux grands seigneurs, est descendue à toutes les classes : elle devient accessible à tous ou presque tous.

Nous avons vu de lui — près d'une table ronde en bronze du style grec le plus exact et dont le dessus en cuivre, tout incrusté d'or et d'argent, représente, parmi des guirlandes de laurier entrelacées, des figures antiques et des masques de théâtre — un superbe vase en émail cloisonné avec garniture en bronze doré, lequel, malgré son genre chinois, reste un des beaux spécimens de l'émail fabriqué en Europe.

Rappelons encore un service de table composé d'après *le Trésor de Hildesheim* et la porte de la sacristie de Saint-Marc à Venise, reproduite par la galvanoplastie dans toute sa vérité et son relief. Il semble que l'air circule et se joue à travers les personnages groupés, tant M. Christofle su bien les détacher, suivant le modèle, et les mettre en saillie.

Tous les styles et tous les genres sont dès longtemps familiers à M. Denière, et il ne sort rien de sa maison où le jugement le plus difficile puisse trouver à reprendre. Composition, dessin, ciselure, tout y paraît irréprochable, et c'est une fête, pour l'amateur et l'homme de goût, que de parcourir du regard à l'Exposition ces pendules, ces candélabres, ces torchères qui se succèdent et ne se reproduisent jamais.

Deux cheminées nous ont particulièrement frappé : d'abord, c'est une cheminée Louis XVI à cariatides, avec des frises à roses; sur l'ensemble, qui est de marbre bleu-turquin courent des ornements en bronze doré et mat. Puis vient une cheminée Louis XIV, d'un aspect plus majestueux et plus sévère, où le bronze poli fait ressortir le marbre lévanteau. De riches candélabres en bronze, avec des bouquets à huit lumières, et qui, variés de sujets, représentent le Printemps et l'Automne; une pendule monumentale dont le cadran indique non-seulement les heures, mais encore les jours et les phases de la lune, parachèvent cet ameublement Louis XIV, qui n'aurait pas été indigne du grand roi lui-même.

M. Susse n'est pas en arrière de ses émules. *Le Combat du duc de Clarence,* groupe en bronze sur pied de marbre; des lampadaires grecs en bronze vert du plus curieux effet; l'*Atalante* et la *Sapho* de Pradier, la *Léda* de Feuchères, renouvellent et rassemblent autour de lui les suffrages.

A côté de cet étalage d'objets si précieux et si riches, remarquons la splendide bibliothèque ou cabinet Henri II en ébène sculpté, de M. Sormani, et le meuble magnifique aux panneaux en laque de Chine, style Louis XVI, qu'a composé et fabriqué M. Roudillon. M. Roudillon nous paraît soucieux de la plus stricte et de la plus historique vérité dans les productions diverses qu'il expose. Ainsi, les panneaux en satin blanc de ce paravent qu'il a vendu à lord Dudley ont été tissés et brodés en Chine, et si, comme d'ordinaire, on y trouverait aisément à critiquer la perspective et la gradation des plans, du moins les femmes, les oiseaux, les fleurs, les bêtes fantastiques et autres qu'on y découvre et qui décorent très-chinoisement ces panneaux, sont brillants à plaisir et nuancés selon tous les tons et toutes les couleurs d'une indescriptible gamme.

Et de même nous ne savons rien de pareil, dans l'industrie anglaise, aux verres émaillés, aux coupes, aux vases, aux lampes de M. Brocard. Soit que son inspiration s'adresse à l'Orient, soit qu'elle interroge la Renaissance et qu'elle y prenne le motif qui lui convient, M. Brocard, en fondant le verre avec le cuivre pour arriver à la perfection de ses émaux, a le secret de la délicatesse, de l'élégance, et l'on dirait volontiers de la sveltesse, dans tout ce qu'il touche.

M. Émile Philippe eût été, sous les Abencérages, appelé à meubler l'Alhambra.

Nous ne doutons pas que les rois de Grenade et les califes de Cordoue n'eussent estimé au plus haut prix le plateau, la cafetière et le bol grenadins, tout jonchés d'arabesques, qu'a exposés M. Philippe, lequel est très au fait d'ailleurs de la science et de l'art musulmans dans toutes leurs manifestations. Près des objets qui rappellent l'Espagne moresque, nous avons de lui un grand flacon de jade monté dans l'or, les rubis et les émeraudes, et ce flacon est irréprochablement persan. L'oxydule, l'émail, l'argent repoussé, l'incrustation (dans le bronze) de l'or et de l'argent, tout sert à M. Philippe, et il a le droit de tirer de tout, non-seulement parti et profit, mais, qui mieux est, orgueil et fierté légitimes d'érudit et d'artiste.

Les industriels auxquels nous allons toucher à présent ont porté plus particulièrement leurs préférences du côté de la céramique proprement dite, et, au moyen des combinaisons ingénieuses et des efforts savamment dirigés, voilà qu'ils ont transformé et transfiguré souvent les pierres mêmes en substances transparentes et fines, aussi précieuses que les perles les plus rares et que les plus recherchés des métaux.

M. Deck, qui n'emploie que d'excellents artistes et d'habiles ouvriers, est maître en quelque sorte de toutes les teintes du bleu-turquoise qu'il distribue dans la plus juste et la plus agréable mesure sur les pièces diverses qui sortent de sa fabrication. Le fond chinois jaune clair, dit *de Sadzouma*, lui a fourni en outre les plus remarquables effets pour ses vases et ses plats de différentes dimensions.

On a beaucoup apprécié, et non sans cause, un vase en porcelaine à cinq pans et à dessins variés sur pâte rapportée que M. Rousseau a envoyé à Londres. Nous avons, pour notre compte, été frappé surtout d'un autre vase en émail sur métal à fond noir, couvert de sujets mythologiques choisis et groupés finement, et où l'ensemble est de la plus grande beauté. D'autres vases en terre brune, des imitations des vieilles faïences peintes, des services de table assortis, dans cette même exposition de M. Rousseau, sont dignes d'éloges autant que d'attention. Les Anglais l'ont jugé ainsi, car, à ce qu'on nous assure, ils n'ont pas laissé de s'en inspirer de fort près et même de les copier quelque peu.

Les vases pâte sur pâte, — pâte rose et pâte blanche, — qui imitent les porcelaines anglaises dites *de la maison Minton*, sont traités de haute main par M. Pillivuyt. Ses fonds céladon, ses peintures grisaille, ses enchevêtrements d'oiseaux aquatiques, d'autres oiseaux aussi et de fleurs, paraissent ne rien laisser à désirer en ce genre. Si l'innovation constante et le progrès continu n'étaient point la loi même et l'histoire de toutes ces industries de luxe, nous dirions aussi qu'il n'y a guère à trouver mieux, dans l'espèce, que les faïences artistiques, les plats et les panneaux décoratifs turcs, de M. Léon Parvillée. Nous avons vu, assez originalement reproduits, dans les panneaux de Mme de Callias, trois motifs de Raphaël et de jolies assiettes qui sont comme un recueil d'illustrations pour les Fables de La Fontaine.

M. Collinot, dans ses grandes plaques décoratives, a appliqué, d'après la façon anglaise très-perfectionnée désormais, la porcelaine et la faïence à l'ornementation des appartements. Ce ne sont plus les *azulejos* mignons grenadins et moresques que nous avons vus à l'Alcazar de Séville et dans telles vieilles maisons d'Avila ou de Tolède; cette fois l'œuvre a pris de larges développements, et le panneau s'élève et se déploie dans toute son ampleur. Volées d'oiseaux, grappes de fleurs, fouillis d'arabesques, s'entrelacent tant qu'ils peuvent sur des fonds bleu de ciel, jaune impérial de chine et blanc français, et ces décors japonais, chinois, etc., forment un ensemble de tons étranges, mais éclatants, frais et harmonieux. Rien n'y détonne et n'y jure. Les mêmes qualités se reconnaissent et s'affirment dans les vases à fonds flambés et à émaux cloisonnés, dans les coupes ovales craquelées, semées de fleurs, d'oiseaux, de papillons et de mouches, qui forment la bordure en quelque sorte et l'accompagnement d'un vase énorme, chinois et japonais, qui est certainement une des pièces les plus considérables de l'Exposition internationale de 1872.

Ce vase est en même temps la pièce capitale de l'œuvre de M. Collinot. Il révèle l'attention la plus scrupuleusement minutieuse dans les plus grandes proportions, ce semble, où on peut l'appliquer. Sous ce point de vue encore, c'est un ouvrage véritablement chinois. On sait que l'art en Chine est un des fruits de la patience imperturbable.

Le vase de M. Collinot n'a pas moins de trois mètres de hauteur. Nous pensions, en le regardant, à une tour de porcelaine. Les flancs de cet édifice sont couverts à outrance d'émaux cloisonnés d'une netteté incomparable, où les hérons, les canards, les hirondelles, les libellules et les papillons s'ébattent et se gaudissent — du bec, des pattes et des ailes — parmi les jets vigoureux et les rameaux exubérants d'une végétation tout orientale et féerique. La solidité s'unit ici ou semble s'unir à la transparence délicate et à la grâce frêle; nous n'avons pas découvert la moindre trace de négligence dans un travail si compliqué et si difficile.

Les fantaisies et les prédilections, au temps où nous sommes, sont des plus imprévues et des plus diverses. Pendant que ceux-ci, déniant ou contestant toute gloire au passé, ne veulent rien demander qu'aux découvertes de l'avenir, ceux-là, très-nombreux aussi, portent leurs sympathies en arrière et se retournent, avec un excessif engouement, vers les siècles écoulés et vécus. «Ces siècles, disent-ils, étaient plus savants et plus «artistiques que le nôtre.» La manie de l'archaïsme est extrême. Vieilles maisons, vieux tableaux, vieilles tapisseries, vieux meubles, vieilles dentelles, vieux livres, vieilles faïences enfin, sont plus que jamais à la mode et au goût du jour. C'est une contagion qui va des plus riches aux plus pauvres. Horace avait déjà dit, en prophétisant, sur ces inconstances de l'opinion :

Multa renascentur quæ jam cecidere, cadentque.

Tenons-nous-en à la céramique, et rappelons la passion qu'on a eue pour les porcelaines de la Chine et du Japon, pour le vieux Saxe et le vieux Sèvres. La faïence devait revenir à son tour. Nous ne parlons pas des vieilles faïences italiennes de Lucca della Robbia ni des plats de Bernard Palissy, qui sont exclusivement relégués dans l'absolu domaine de l'art, mais des faïences de Delft, de Rouen, de Moustiers. On les a recherchées de toutes parts et achetées, le cas échéant, beaucoup plus que leur pesant d'or. Il était naturel que l'industrie en éveil s'en mêlât et que l'imitation survînt bientôt. Nous avons vu s'élever alors ou se renouveler les fabriques de Nevers, de Nancy, de Choisy-le-Roi, de Gien, qui toutes, avec plus ou moins de succès, ont reproduit les anciens modèles. On a refait du Delft, du Moustiers, du Rouen, et quelquefois, nous assure-t-on, des amateurs très-compétents n'ont point reconnu la contrefaçon qu'ils avaient sous les yeux.

L'année dernière on avait, à l'Exposition de Londres, des échantillons variés de nos fabriques françaises, et les Rapporteurs qui nous ont précédé à cette place ont pu établir des comparaisons et prendre des conclusions motivées, en appréciant du même coup l'état présent de la céramique anglaise, qui est elle-même soignée et diverse, remarquable à tous égards, et qui se trouve de plus, par la modicité de ses prix, à la portée de toutes les bourses. Cette année-ci, nous n'avons rien de MM. Ristori et Signoret, de Nevers; rien de M. Gallé-Reinemer, de Nancy; rien de M. Boulenger, de Choisy-le-Roi. MM. Soupireau et Fournier, qui s'adonnent à la reproduction des faïences italiennes, et M. Édouard Avisseau, de Tours, qui, continuant les travaux de son regrettable père, reprend en notre siècle l'œuvre de Bernard Palissy, n'ont rien envoyé à Londres. Mais nous avons encore des faïences fines et artistiques de MM. Geoffroy et Cie, de Gien.

Ces fabriques de Gien, qu'on a accusées de manquer d'originalité et auxquelles on reproche la reproduction trop servile des modèles déjà connus, ont au moins cet avantage, tout en ne négligeant pas la faïence fine ordinaire, qui répond aux besoins domestiques et quotidiens, de produire un nombre considérable de belles pièces décoratives qui ont leur cachet spécial, leur style, et se recommandent à la considération d'un public intelligent et distingué. Si ces jardinières, ces cache-pots, ces vases de jardins, ces lampes, au lieu d'être façonnés d'hier, avaient été fabriqués au XVIIe ou au XVIIIe siècle, on ne leur marchanderait aucune louange. Les imitations du vieux Rouen, du Moustiers, etc., de MM. Geoffroy et Cie, nous semblent presque irréprochables, et nous ne doutons pas que tel ne soit aussi le sentiment qui survivra. Nous ne voulons pas dire que ces faïences n'obtiennent point dès à présent la justice qui leur est due. Bien loin de là! On les demande avec empressement, et on les apprécie au point que MM. Geoffroy et Cie ont dû, à Londres même, au centre de toutes les concurrences en ce genre, avoir un dépôt de leurs produits, qui ont obtenu une grande vogue.

Maintenant et après avoir signalé autant que possible les productions si recommandables de l'industrie privée, nous ne saurions oublier la collection de chefs-d'œuvre que la manufacture nationale de Sèvres a soumis encore une fois à l'admiration des curieux et des connaisseurs. Quelle profusion dans la variété! Quelle variété dans le bien et le beau! Nous avons là les plus purs échantillons de tous les styles, les plus admirables spécimens de ce que peuvent parfaire tous les systèmes de fabrication et tous les procédés mis en usage.

L'exposition des produits de la manufacture de Sèvres ne s'analyse pas. Il serait fou d'entreprendre de vous montrer, d'un vase à l'autre, d'une coupe à une coquille, d'un groupe à une statuette, que la terre a tantôt acquis l'éclat des pierres fines, tantôt la valeur de l'or et de l'argent. Disons plutôt qu'il y a là comme une création nouvelle, sortie de la terre obéissante et prodigue, et, à l'exemple du Créateur, la créature inspirée peut juger aussi que son œuvre est bonne.

Le rayon de soleil semble avoir été saisi et comme fixé dans ces pâtes diaphanes et nacrées, où les couleurs prennent à l'envi de douces ou de vives teintes, et où le dessin acquiert un relief plus exact et plus pur. Il est assurément plus enviable de posséder telle aiguière de Sèvres, ornée de dessins pâte sur pâte cuite au grand feu, que bien des assiettes ou des coupes en vaisselle plate; la fragilité même de l'œuvre, tout ce qu'elle a réclamé pour pouvoir se produire au grand jour des admirateurs, pour être devant tous *sans peur et sans reproche,* tout ce qu'elle a exigé de constantes vigilances et de sollicitudes infinies, en augmente encore le prix et la gloire.

Ces frêles poteries nous font penser à ces beautés, frêles aussi et légères, telles qu'un coup de vent qui les effleure peut les briser ou les enlever, et qui n'en sont que plus charmantes aux regards capables de découvrir l'attrait mystérieux et la grâce intime en toutes choses. Un lis est loin d'opposer la résistance d'une pivoine, et qui pourtant ne préfère le lis à la pivoine ?

Les émaux de Sèvres ne craignent aucune rivalité chez aucun peuple : anciens ou modernes ne nous ont rien laissé de plus parfait en ce genre, et ne nous présentent rien de plus beau. L'avenir aura de la peine à faire de nouveaux progrès, dirions-nous, si, encore une fois, il était permis de défier le génie de la postérité et les conquêtes de l'avenir.

C'est ici le lieu de mentionner et de louer les reproductions diverses, en plâtre, en fonte ou en terre cuite, des monuments anciens et des chefs-d'œuvre d'architecture de tous les pays.

Ces résurrections ont leur raison d'être. Elles portent sous toutes les latitudes et vont soumettre à toutes les appréciations et à toutes les critiques, sinon l'exemplaire unique, au moins de très-recommandables copies des monuments mémorables. Elles propagent et vulgarisent l'influence et l'enseignement des belles choses, et, par ce moyen, il n'est personne qui soit complétement déshérité ou frustré de sa part des trésors du génie humain et de la fortune commune de notre race.

Déjà, dès l'Exposition de 1867, à Paris, on avait pu apprécier les avantages d'une semblable entreprise, qui donna lieu à une convention signée par le prince de Galles, la princesse de Prusse et la plupart des princes de l'Europe. Le but de cette convention était, en les protégeant, d'activer les progrès d'une innovation si digne d'intérêt, au profit même de toutes les nations. On peut voir au British Museum de Londres et au South-Kensington Museum de quelle importance, pour l'étude et l'histoire de l'art, sont ces *fac-simile* des œuvres célèbres, soit qu'on les reproduise dans leurs dimensions originelles ou primitives, soit qu'on en fasse des réductions soignées, consciencieuses et fidèles.

Les procédés employés pour l'exécution de ces sortes de reproductions en plâtre ou en fonte sont l'électrotypie, la photographie, ou le modelage à la gélatine, qui, en raison de sa grande souplesse et de son élasticité, s'applique de préférence aux sculptures délicates, ciselées et fouillées.

TAPIS, TAPISSERIES.

La manufacture des Gobelins, que la guerre civile avait incendiée l'année dernière, s'est relevée de ses ruines avec la fortune de la Patrie, et la voilà qui renoue la chaîne de ses destinées glorieuses. Les tapisseries qu'elle expose sont, comme d'ordinaire, des choses souverainement admirables et qui ne supportent pas avec raison qu'on les compare même aux tissus du même genre les plus estimés et les plus célèbres.

Ce que nous avons vu Sèvres produire à sa manière dans l'art de la céramique, les Gobelins le réalisent à leur façon dans ces tapisseries qui défient, disons-nous, toute compétition et toute concurrence.

Là encore on croirait que la perfection a dit son dernier mot et amené son effet suprême. Les belles tapisseries des Gobelins qui reprennent et recommencent, pour ainsi dire, puis finissent scrupuleusement, au moyen de laines colorées, les peintures, en apparence, les plus inimitables, ces belles tapisseries, disons-nous, qui valent presque les modèles qu'elles copient et reproduisent en leur prêtant un nouveau lustre, sont parvenues à rendre fidèlement et fil à fil jusqu'aux plus imperceptibles touches du pinceau des maîtres.

Pas un défaut de perspective, pas la moindre confusion dans les plans, pas une négligence, pas un oubli. Et admirez comme les différents styles restent chacun dans son originalité, dans son allure distinctive et sa note précise! admirez comme la laine varie ses tons et modifie ses nuances en passant d'un tableau de l'Albane à un tableau de Raphaël, d'un portrait de Mignard ou de Rigaud à un paysage du Poussin! *La Pêche* et *Amynthe et Sylvie,* de Boucher, sont, cette année, repris et refaits dans une gamme délicate et tendre qui n'a rien à envier à la toile originale. *L'Hiver,* d'après Coypel, n'est pas moins beau ni moins réussi. Enfin chaque œuvre est interprétée religieusement dans ses qualités les plus exclusives et les plus caractéristiques. L'arbre, la plante, la source, la maison et les personnages, les groupes d'enfants ou de jeunes Amours, les Muses et les Grâces, tout se détache, tout revit et rayonne dans sa splendeur propre et sa native franchise.

Nous ne saurions mettre sur la même ligne, on le comprendra aisément, les tapisseries de M. Braquenié et celles des Gobelins ou de Beauvais. Toutefois, cette manufacture d'Aubusson n'a qu'à suivre à son tour ses vieilles traditions de progrès continu pour accroître de plus en plus, comme elle le fait d'ailleurs, son importance et ses succès.

Les procédés employés à Aubusson et le soin qu'on y met à choisir les laines, à assortir les couleurs et les nuances, à façonner les variétés solides et riches des tissus de toute espèce, sont absolument les mêmes procédés et le même soin qui distinguent la main-d'œuvre à Beauvais et aux Gobelins. Il faut même y regarder souvent à deux fois pour démêler, à une petite distance, les produits de M. Braquenié et ceux des manufactures de l'État. Telle pastorale de Watteau simule au mieux, parmi les tapis exposés par M. Braquenié, la manière et le bel aspect des plus remarquables tapisseries des Gobelins. *La bonne Aventure*, de Charles Chassevent; *les Signes du Zodiaque*, jolis et frais dessins mythologiques sur un fond gris-perle; les panneaux symboliques des *Quatre saisons*, sont aussi des morceaux d'une exécution très-supérieure.

Les tapis de Turquie ont joui jadis chez nos pères d'une célébrité incontestée :

> Sur un tapis de Turquie
> Le couvert se trouva mis. . .

disait La Fontaine. Les tapis de Perse ne jouissaient pas alors d'un moindre renom. Les uns et les autres sont représentés par quelques bons échantillons à l'Exposition de Londres, et, s'ils y paraissent un peu naïfs et dépaysés à côté des tissus d'Europe, ils ne sont pas cependant sans élégance et sans valeur. Sur ces tapis de table et ces descentes de lit, l'œil se promène avec autant de plaisir que d'étonnement parmi des portiques ouverts, des entrées de palais ou de jardins, le long des rinceaux d'or et d'argent chargés de fleurs idéales et de fruits qu'on ne voit qu'en rêve. Dans ces fleurs et entre ces fruits, de fantastiques oiseaux se poursuivent, en donnant çà et là des coups de bec au cœur de grappes savoureuses, mais fantastiques comme eux.

LIBRAIRIE ET IMPRIMERIE.

L'imprimerie, pour être le plus utile des arts, n'en est pas moins une industrie de luxe, et Dieu sait à quelles recherches d'élégance, à quels raffinements de richesse elle a été portée, surtout depuis un demi-siècle!

Les Aldes et les Elzeviers ont eu, par tous pays, une longue postérité de successeurs ou de rivaux, et beaucoup de ces derniers descendants sont venus à l'Exposition de Londres en 1872.

Les belles éditions aux types soignés, aux caractères sveltes ou robustes, gracieux ou sévères, s'étalent en longues rangées d'in-4°, d'in-8° et d'in-18. Les États-Unis ont envoyé de remarquables spécimens en ce genre; l'Allemagne et l'Autriche, la Belgique et le Portugal ont fourni des échantillons nombreux d'un art qui sait se prêter à tant de fantaisies et de caprices, et qui ne cesse de se rajeunir, tantôt en remontant vers le passé, tantôt en se livrant aux innovations les plus hardies. Mais, comme deux champions d'une force à peu près égale, l'Angleterre et la France se rencontrent sur ce terrain de la librairie et de l'imprimerie, et il est malaisé de prime abord de se prononcer pour l'une ou pour l'autre.

Nous remarquons en France et nous avons hâte de citer M. Jouaust et M. Claye. Autour d'eux, toute une élite d'éditeurs parisiens prodiguent tant d'esprit et de savoir dans l'exécution matérielle de leurs livres, et ils sont dévorés d'une telle passion de faire bien et de faire beau, qu'on ne peut plus guère, ce semble, que les imiter et les suivre. Les éditions des bibliophiles en caractères elzéviriens, sur papiers à la forme et papiers de Chine, sont de vrais miracles de typographie. Les ornements dans le texte et hors texte s'appliquent à transformer la lettre même en arabesques et en images. Ces initiales fleuries et couronnées, ces vignettes, ces culs-de-lampe, ces bandes et ces fleurons où ont été mises à contribution et comme au pillage les deux Renaissances française et italienne, sont certainement d'un attrait irrésistible, et, pour le bibliophile gourmet, il y a là un régal à nul autre pareil. Néanmoins, il ne faudrait pas tomber dans l'abus et, faisant une part trop belle au plaisir des yeux, éparpiller l'attention et la distraire. En un mot, la qualité suprême de l'imprimeur, c'est d'allécher le plus possible le goût intellectuel, le sens moral, et, par les séductions du dehors, de l'attacher de plus en plus aux solides leçons du dedans. Les beaux livres devraient être toujours comme les beaux corps, des enveloppes et des maisons de belles âmes et de nobles pensées.

Les imprimeurs et libraires anglais, avons-nous dit, nous font pied à pied concurrence. A nos solides et riches papiers de fil, à nos lettres historiées, à nos fleurons, à nos culs-de-lampe, ils opposent la pâte transparente de leurs papiers glacés et satinés, leurs caractères droits et fins, un peu maigres quelquefois, mais non sans grâce, et enfin des ornements choisis ou repris volontiers, parfois dans les psautiers et missels du moyen âge, souvent dans les manuscrits du style Tudor.

Mais, sans contester aucun de ces mérites, quand l'examen attentif ne permet plus l'hésitation qu'on a ressentie à première vue, on estime à bon droit que, si les éditions anglaises ont un air de gravité qui se fait désirer dans les nôtres, elles n'échappent pas aux défauts mêmes de leurs qualités, c'est-à-dire qu'elles ont un aspect lourd et peu avenant qu'on ne saurait nous reprocher sans injustice.

Nous avons regretté, parmi les publications françaises, d'abord l'absence des incomparables chefs-d'œuvre de notre Imprimerie Nationale, puis celle des beaux livres de M. Didot, le libraire par excellence. Il y a là, des deux côtés, et des exemples et un maître. Mais nous ne saurions oublier les ouvrages illustrés si recommandables de M. Alfred Mame, de Tours, lequel, pour ses livres de piété, d'éducation ou de littérature, ne marchande aucune des ressources de sa grande fortune aux exigences d'un goût qui ne saurait se contenter d'une exécution commune ou médiocre. Il en est de même de M. Bachelin-Deflorenne, qui s'adonne spécialement à la publication d'ouvrages bibliographiques et héraldiques.

Les ouvrages traitant d'architecture, de beaux-arts, d'archéologie et d'arts industriels, publiés par Mme veuve Morel, ne viennent que d'auteurs sérieux, compétents et accrédités, et l'éditeur, jaloux de mesurer ses scrupules et ses soins à l'importance de ces œuvres d'un mérite supérieur, nous les offre dans des recueils vraiment magnifiques. Nous citerons presque au hasard, sûr de ne pas nous égarer dans le nombre ni de toucher à un livre vulgaire, *l'Art arabe*, par M. Prisse d'Avennes; *les Arts décoratifs*, de M. Édouard Liévin; le *Dictionnaire raisonné de l'architecture française du XIe au XVIe siècle*, et celui du *Mobilier français de l'époque carlovingienne à la Renaissance*, de M. Viollet-le-Duc. Puis nous avons l'*Histoire des arts industriels*, de Jules Labarte; la *Monographie de l'Hôtel de ville de Lyon*, par M. T. Desjardins; la *Monographie des Halles centrales de Paris*, par M. Baltard, etc. Chacun de ces ouvrages est lui-même un monument véritable et grandiose.

M. J. Rothschild, avec ses publications artistiques et scientifiques justement populaires; M. Guillaumin, avec ses publications estimées sur l'économie politique; M. Dumaine et ses cartes si étudiées et si précises du dépôt de la Guerre et du dépôt des Fortifications, se tiennent encore, chacun dans sa spécialité, au niveau des connaissances de notre temps, et ils répondent ainsi à tous les besoins du cercle de plus en plus large des curieux et des studieux.

La librairie Académique de M. Didier abonde en livres excellents. La meilleure littérature s'y fait l'interprète de la plus saine morale, et c'est bien, comme on disait jadis, la belle et solide bibliothèque de « l'honnête homme, « homme de goût. » M. Hetzel, renouvelant et trouvant encore là où le genre paraissait à plus d'un fouillé en tous sens et désormais épuisé, a commencé depuis plusieurs années, et il poursuit avec honneur, une série de livres d'éducation aussi amusants qu'instructifs.

La librairie de M. Hachette embrasse et rappelle toutes les productions scientifiques et littéraires. M. Hachette a fondé sa renommée dans les deux mondes. Avec lui et près de lui, MM. Delalain et Delagrave sont fidèles aux traditions de leurs maisons, où la littérature classique, ancienne et moderne, n'a jamais cessé de fleurir. C'est là que s'en vont naturellement tous ceux qui veulent apprendre et puiser aux sources les plus authentiques et les plus pures.

On estime, en France et à l'étranger, et on recherche les livres de médecine et d'histoire naturelle que publient des libraires spéciaux comme M. Baillière et M. Masson.

La librairie française, on le voit, est en plein rapport et en pleine prospérité. Nous sommes heureux de constater ces succès d'une des plus glorieuses branches de notre industrie française.

En fait d'ouvrages élémentaires, d'ouvrages d'éducation et à bon marché, nous n'avons guère à signaler dans la section de la librairie anglaise que des collections très-multipliées de Bibles et autres livres d'église, — de toute impression, de tout format et de toute reliure.

Nous n'avons pas la prétention de tirer des conclusions morales et philosophiques de l'examen rapide que nous venons de faire des beaux-arts et des arts industriels à l'Exposition internationale de Londres en 1872. Les expositions, en se multipliant de tous côtés et en devenant, pour ainsi dire, une habitude, ont perdu peut-être un peu de leur première et haute portée. Elles ne sont plus, comme naguère encore, un événement entre les peuples et une grande date. On s'y fait comme on se fait à tout en ce monde. Mais telles quelles, par le déplacement même et le mouvement des produits de toute nature qu'elles appellent, tantôt sur un point, tantôt sur un autre, elles entretiennent dans les esprits une animation salutaire et féconde, et, dans les travaux de tout ordre et les industries, elles fomentent et favorisent une activité toujours alerte et en éveil. Cette comparaison forcée qu'elles amènent entre les ressources, les produits et le savoir-faire de chaque peuple, profite à tous les peuples. On s'instruit par là, on apprend à se connaître et à se juger, et l'on se corrige.

Et puis par nos temps de commerce quand même et de transaction à tout propos, en dehors des intérêts de la civilisation et des liens sociaux qui y trouvent aussi leur compte, les expositions deviennent et deviendront de plus en plus d'excellents et uniques marchés internationaux, où chaque nation apportera ce qui, à tous les points de vue, peut manquer à l'autre nation, qu'elle soit lointaine ou voisine, et où toutes feront *leurs affaires*... leurs affaires utiles et agréables.

Au commencement de ce siècle, un penseur écrivait ces lignes : « Voici « comment on pourrait diviser le commerce des nations, d'après leur ca- « ractère : l'Espagnol, joailler, orfévre, lapidaire; l'Anglais, manufacturier; « l'Allemand, marchand de papiers; le Hollandais, marchand de vivres, et « le Français, marchand de modes. Dans la navigation, le premier est cou- « rageux, le second habile, le troisième savant, le quatrième industrieux « et le cinquième hasardeux. Il faut donner à un vaisseau un capitaine « espagnol, un pilote anglais, un contre-maître allemand et des matelots « hollandais; le Français ne marche que pour son compte. Il faut propo- « ser au premier une conquête, une entreprise au second, des recherches « au troisième, au quatrième du gain, et un coup de main au cinquième. « Le premier veut de grands voyages, le second des voyages importants, le « troisième des voyages utiles, le quatrième des voyages lucratifs et le cin- « quième des voyages rapides[1]... »

Ce parallèle, très-ingénieux à son heure, n'est plus vrai maintenant. Les caractères nationaux ont changé en moins de cinquante ans, et, comme les caractères, les ambitions et les tendances ont pris d'autres visées, sont entrées dans d'autres voies. L'Allemand paraît en avoir fini avec son rôle de philosophe méditatif et de chercheur studieux, et le Français ne songe plus aux entreprises aventureuses et aux coups de main. Mais sur ce navire où la Providence fait flotter et voyager les destinées humaines, et où tous les peuples, quels que soient leur génie et leur humeur, se coudoient et se mêlent, il serait bon que, loin de se gêner, comme ils ont fait jusqu'ici trop souvent, ils comprissent enfin que non-seulement leur devoir, mais leur profit véritable et leur gain, serait de bénéficier fraternellement et en commun du trésor particulier de leurs aptitudes individuelles et de leurs travaux. Grands et petits, maîtres et serviteurs, illustres et obscurs, peuvent le dire, un peu grossièrement sans doute, mais avec un fond d'in-

[1] *Essais, Pensées et Maximes* de Joseph Joubert.

contestable vérité : « Vous autres et nous autres, nous ne pouvons nous « passer les uns des autres. »

C'est ce que prouvent éloquemment et non sans grandeur les expositions internationales.

Septembre 1872.

OCTAVE LACROIX.

IMPRIMERIE NATIONALE. — 1873.

www.ingramcontent.com/pod-product-compliance
Lightning Source LLC
LaVergne TN
LVHW020432230826
846091LV00004B/1468

* 9 7 8 2 0 1 3 6 1 6 3 9 3 *